ROBERTO BIZZARRI

MONKEY TRADING

Il Rivoluzionario Sistema Di Trading Statistico Per Insvestire Online Nei Mercati Finanziari Senza L'Uso Dell'Analisi Tecnica e Fondamentale

Titolo

"MONKEY TRADING"

Autore

Roberto Bizzarri

Editore

Bruno Editore

Sito internet

http://www.brunoeditore.it

Sommario

Prefazione   pag. 5

Introduzione   pag. 9

Cap. 1: Come essere profittevole nel trading in 2+1 modi   pag. 16

Cap. 2: Come usare la statistica per investire con successo pag. 37

Cap. 3: Come applicare il Monkey Trading a qualsiasi asset pag. 67

Cap. 4: Come impostare un Money Management vincente pag. 87

Conclusione   pag. 110

Prefazione
(a cura di Carlo Carmine)

Quando Roberto Bizzarri mi ha contattato per scrivere la prefazione del suo libro, *Monkey Trading*, mi sono sentito più che mai onorato dalla sua richiesta. Conosco Roberto da tanti anni, ne apprezzo la spiccata attitudine per le materie umanistiche e la scrittura che si combinano magistralmente con l'innata propensione per tutto ciò che è analisi e cura del dettaglio.

Quella di Roberto è una personalità poliedrica, profonda e guidata da grandi valori, che ho sempre riconosciuto e ancor di più dopo aver letto questo libro. Il suo modo di affrontare una tematica complessa come quella del trading e dell'approccio ai mercati finanziari con semplicità e concretezza mi ha stupito. Proprio come lo stesso Roberto non ha potuto nascondere il suo stupore di fronte a quel grafologo che, ai tempi delle scuole superiori, aveva già intravisto nella sua grafia un futuro "scientifico".

Tra analisi tecnica e analisi fondamentale, quello del trading appare ai più come un mondo lontano, dove si possono avventurare solo i più coraggiosi e propensi al rischio, equiparato spesso (e impropriamente) al "gioco d'azzardo".

Ma non tutti si rendono conto che, dietro alle oscillazioni del FTSE Mib e del Dow Jones, ci sono la politica e la società, non solo numeri ma anche sconvolgimenti che toccano vite umane. Per questo chi oggi si avvicina al trading, prima ancora di essere un grande economista, deve essere un grande uomo o una grande donna, in grado di percepire ciò che succede nel mondo e come questo può influenzare l'economia e la finanza.

A ciò si lega intimamente la capacità di "ascoltare" il passato per capire il presente, la percezione di come la statistica e la legge delle probabilità possano aiutarci a capire il tempo in cui viviamo e anticipare il futuro.

È da questa vision che nasce un nuovo modo di fare trading, lontano dai grafici dell'analisi tecnica e dagli studi macroeconomici delle università, lontano dalla mera speculazione o dai brividi "da casinò". Il trader di Roberto Bizzarri è innanzitutto un uomo con valori ed emozioni, quello che vuole andare oltre l'emotività con cui si scontra chi fa questo mestiere per ricavarne delle opportunità reali.

L'uomo o la donna cui si rivolge *Monkey Trading* è un impiegato, un architetto, una piccola imprenditrice... il vicino o la vicina di casa.

Il trader di Roberto Bizzarri non è più l'analista finanziario che si consuma dietro i monitor di Palazzo Mezzanotte né tantomeno l'accademico esperto di macroeconomia: siamo io, te e chiunque voglia avvicinarsi a una materia affascinante che Roberto Bizzarri è riuscito a rendere alla portata di tutti.

Bastano una penna, un blocco note, una calcolatrice e una strategia che tutti possono apprendere e applicare. Riducendo i rischi, senza "scommettere", senza vivere con apprensione (bensì con lucidità e concretezza) le opportunità offerte dai mercati finanziari.

Questo libro, di cui ho avuto l'onore di scrivere la prefazione, rappresenta quindi uno strumento "prêt-à-porter" per chi ha sempre pensato che il trading fosse una cosa difficile, da cervelloni, ma che ora può ricredersi.

Perché ciò che contraddistingue chi davvero padroneggia una materia è la straordinaria capacità di rendere facili anche le cose più difficili, mettendo a disposizione di tutti un prezioso bagaglio di competenze, valori e conoscenza.

Carlo Carmine
Imprenditore della tutela del patrimonio

Introduzione

Era l'aprile dell'anno 2005 quando, un bel giorno, la dirigente scolastica della scuola superiore che frequentavo entrò improvvisamente nella mia classe paventando una grande novità. Quello era il mio ultimo anno di Liceo Scientifico ma, cosa ancora più importante, era l'anno in cui avrei dovuto decidere cosa fare della mia vita.

Generalmente, quando uno studente all'ultimo anno delle scuole superiori si trova a quel punto dell'anno scolastico, è portato a pensare all'esame di maturità, alle materie da studiare e a molto altro ancora. Io invece no, avevo la testa che ribolliva di idee che puntavano tutte verso una sola e unica domanda: «Cosa farò della mia vita da lì in avanti?» Oggi, a distanza di tanti anni, mai avrei pensato che quel giorno avrebbe davvero inciso così tanto su di me.

Devi sapere che la grande novità che rendeva "orgogliosa" la preside del mio istituto era la seguente. La scuola, al fine di aiutare noi studenti nella scelta della facoltà universitaria da intraprendere, aveva messo a disposizione un professionista esperto in grafologia. Questa persona, attraverso l'analisi della nostra grafia, ci avrebbe aiutato a capire quale sarebbe stata la facoltà universitaria che più di tutte si sarebbe adattata al nostro "innato talento".

Ricordo ancora i commenti dei miei compagni di classe: c'era chi non aveva perso tempo per denigrare questa ennesima trovata della dirigente scolastica, chi la trovava curiosa e voleva saperne di più... e chi invece, come me, era letteralmente rimasto folgorato da questa iniziativa tanto da non vedere l'ora che il giorno tanto atteso arrivasse.

Purtroppo c'era un "ma". Soltanto 4 studenti della nostra classe avrebbero potuto accedere a questa opportunità. In che modo? Attraverso la classica estrazione dei bigliettini, gli stessi a cui i nostri insegnanti erano soliti ricorrere quando non sapevano chi interrogare.

Solo a distanza di tempo ho capito che, anche in quel contesto, la statistica avrebbe avuto l'ultima parola su questa opportunità. Essendo la mia classe composta da 20 alunni, voleva dire che, statisticamente, avrei avuto il 20% di probabilità di essere estratto. Poiché inoltre – come dice il proverbio – la fortuna aiuta gli audaci, il caso volle che fossi uno dei 4 nominativi estratti per il tanto atteso incontro con il grafologo.

Ricordo tutto come se fosse adesso. Era un uomo sulla quarantina, dall'aspetto elegante, con una giacca beige con tanto di toppe sui gomiti. Il classico stereotipo dell'intellettuale, insomma: uno di quelli che sono soliti mordicchiare le aste degli occhiali mentre ti scrutano dall'alto in basso cercando di trovare elementi sulla tua personalità.

Questo signore mi fece fare due test di scrittura: uno a velocità più lenta e uno a velocità più sostenuta. Diceva che sarebbe servito per mettere maggiormente in luce i tratti distintivi della mia calligrafia e, quindi, della mia personalità. Ricordo che, per quanto andava veloce, in più occasioni fui costretto a chiedergli di ripetere parte del testo che mi stava dettando. Faceva parte del test, continuava a dire lui.

Sta di fatto che, una volta finiti i test di grafia, prese tra le mani entrambi i fogli, posò gli occhiali che nel frattempo aveva finito di maneggiare, si reclinò indietro sulla poltrona e, incrociando le mani, mi disse una frase che mi lasciò interdetto: «Non ci sono dubbi. Dalla tua calligrafia evinco che hai un talento innato per la ricerca statistica».

Rimasi a dir poco di sasso. Lui non lo sapeva, ma stava parlando con uno studente che andava molto bene nelle materie umanistiche, tipo inglese, filosofia e storia dell'arte, ma che, ahimè, non riusciva mai ad andare sopra al 6-6.5 nelle materie scientifiche tipo matematica e fisica.

A quel punto la mia mente partì dritta per la tangente. Come si spiegava che una persona tanto esperta quanto competente come lui avesse preso un abbaglio così grande? Pensai subito che magari aveva interpretato male le informazioni estrapolate dalle due prove grafiche, pertanto gli spiegai che, in realtà, tutto pensavo tranne che il mio vero talento fosse legato alla "statistica".

Questa persona, invece, guardandomi fisso come un cecchino, mi disse una cosa che mi è rimasta dentro la mente nonostante il passare degli anni: «Ricorda sempre, Roberto, che nella vita puoi diventare tutto ciò che desideri a patto di avere una forza di volontà sufficiente a raggiungere l'obiettivo che ti sei prefissato. Tuttavia, se mi chiedi, a livello prettamente scientifico, cosa ho visto nella tua calligrafia, ebbene, non posso risponderti altro che la stessa cosa di prima: uno spiccato talento per la ricerca scientifica e la cura dei dettagli».

Devo tanto a quella persona. Nonostante mi avesse consigliato di puntare su discipline prettamente legate all'analisi statistica, di testa mia decisi di seguire le mie passioni. A quel tempo, nonostante le tante nubi che affollavano la mia mente, il mio sogno era diventare architetto. Motivo per il quale, preso il diploma di maturità, feci il test di sbarramento all'università di Pescara, lo superai (arrivando 158° in graduatoria sui 600 candidati totali) ma poi, all'ultimo momento, decisi di non iniziare neanche quel percorso universitario. C'era infatti qualcosa che non mi convinceva a pieno.

Ecco perché decisi di virare nuovamente fino a prendere la decisione di iscrivermi alla Facoltà di Economia (con indirizzo Marketing Internazionale) all'Università Politecnica delle Marche, che in quegli anni si posizionava al 2° posto a livello di ranking nazionale, subito dopo la tanto blasonata Bocconi di Milano.

Frequentare quell'università mi ha davvero cambiato la vita, umanamente e professionalmente. Ma, cosa ancora più importante, mi ha aperto la mente a 360° mostrandomi tutte le opportunità che avrei potuto ottenere da quel momento in avanti.

La domanda che adesso dovresti farti è: «Ma perché questo autore sconosciuto mi ha raccontato tutto questo bel po' di fatti se poi il libro parla di trading? Che rapporto c'è tra le due cose?»

Se deciderai di continuare la lettura di questo libro, capirai che le due cose sono molto più connesse di quanto immagini. Ecco perché non mi rimane che dirti che, nelle prossime pagine, ne vedrai davvero delle belle. Se pensi infatti che il trading sia solo una materia per super laureati alla Normale di Pisa o per lupi di Wall Street... accetta la mia sfida.

Nel corso delle prossime pagine ti dimostrerò che, anche se non sei andato all'Università, anche se magari fai un lavoro o hai una professione che non ha nulla a che fare con questo settore, anche se sei un imbianchino, un elettricista, un impiegato, una parrucchiera, un insegnante di salsa o qualsiasi altra cosa tu voglia, tutto ciò di cui hai bisogno per essere profittevole nel trading consiste nell'avere queste quattro cose:

- una penna;
- un blocco note;
- una calcolatrice;
- ...e una semplice strategia.

È arrivato quindi il momento di iniziare il nostro viaggio nel magico mondo del Trading Statistico, che ho a mia volta ribattezzato "Monkey Trading".

Roberto Bizzarri

Capitolo 1:
Come essere profittevole nel trading in 2+1 modi

Quando nell'introduzione parlavo del fatto che l'università mi ha aperto la mente a 360°, intendevo dire che buona parte del merito è da ricondurre a tutti quei docenti che hanno reso quella Facoltà una delle prime in Italia.

Uno dei professori che più di tutti ha impattato su di me e sul mio mindset è stato senza dubbio il docente di Economia Internazionale, il cui nome era Giuliano Conti. Sono costretto a usare il passato quando lo nomino, perché purtroppo non è più tra noi. Un tumore portò via la sua vita qualche anno dopo che presi la laurea.

Questa persona era una vera e propria pietra miliare in Facoltà: un docente universitario dotato di estrema autorevolezza tanto a livello accademico quanto a livello nazionale. Fu lui infatti a portare l'allora presidente della Banca d'Italia, Mario Draghi, in università, per una conferenza di cui tutti parlarono in seguito alla portata mediatica generata. Quello che mi colpì di lui fu, tuttavia, la sua immensa umanità.

Ricordo che, una mattina di novembre, aprì la porta dell'aula, presso la quale stava svolgendo la sua lezione, un "senzatetto", forse entrato per caso all'interno delle mura accademiche o, chissà, più semplicemente alla ricerca di un posto dove trascorrere al caldo qualche ora della sua monotona vita da mendicante.

Penso che sia io che tu, al suo posto, avremmo invitato questo spaesato signore ad allontanarsi, dico male? Lui invece no. Invitò il senzatetto ad accomodarsi in uno dei posti liberi presenti in aula – nonostante gli sguardi imbarazzati di noi studenti – e gli spiegò con garbo e gentilezza di quale argomento si stava parlando nel corso della lezione.

Quella fu la prima volta in cui capii che l'università non solo stava dando – a me e ai miei compagni – nozioni di carattere accademico, ma anche una lezione di vita che continuo a portare con me nel corso degli anni: prima di diventare grandi economisti saremmo dovuti diventare grandi uomini e grandi donne caratterizzati da un

17

livello immenso di umanità. Umanità che avremmo poi dovuto riflettere tanto nel professionale quanto nel privato, nel pieno rispetto di noi stessi e delle persone che ci circondavano.

A fronte di questo curioso aneddoto, c'è una cosa di cui non ti ho ancora parlato, ossia dell'argomento trattato nel corso di quella lezione. Sto parlando del celebre Modello di Ricardo, che è forse il principio più importante su cui si fonda l'intera economia internazionale.

Il concetto condiviso da questo celebre economista inglese è di una semplicità disarmante: la produttività globale (in termini di benessere e di ricchezza mondiale) aumenta nel momento in cui ciascun paese si specializza in ciò che sa fare meglio.

Facciamo un esempio pratico. Supponiamo, a scopo esemplificativo, che il mondo sia formato da due soli paesi: gli USA e la Cina. Il primo gode prevalentemente di più capitale tecnico (quindi macchinari, know-how ecc.) mentre il secondo di più capitale umano (ossia di un numero elevatissimo di lavoratori).

Ebbene, se soltanto ciascuno di essi si specializzasse in ciò che sa fare meglio (gli USA nella creazione di macchinari e la Cina nella produzione di articoli ad alta intensità di forza lavoro), la produttività mondiale aumenterebbe perché entrambi i paesi sarebbero in grado di produrre di più a costi sempre meno elevati.

Dopotutto, non è forse vero che più ti specializzi nel fare una sola e unica cosa e più diventi eccellente? Ebbene, a livello di economia internazionale, numeri alla mano, questo modello – chiamato appunto "Modello della specializzazione settoriale" – genererebbe un aumento della ricchezza globale, e quindi del benessere, di entrambi i paesi.

Giustamente ti starai chiedendo cosa c'entri questo modello con il trading. Ebbene, caro lettore, c'entra molto più di quanto immagini. Devi sapere, infatti, che l'unico vero obiettivo del trading è "prevedere" se il prezzo di un'azione, di una coppia di valute, di una commodity o di qualsiasi altro asset, da un preciso momento in poi andrà *verso l'alto* o *verso il basso*.

Apparentemente quindi il concetto è fin troppo semplice:

- Prendi in considerazione un asset (ad esempio la coppia valutaria EUR/USD).
- Fai le tue valutazioni tecniche e/o macroeconomiche basate sulla tua probabilità soggettiva.
- Apri il tuo portafoglio, investi una determinata somma e decidi di puntare al rialzo (*long*) o al ribasso (*short*).

A quel punto le possibilità sono soltanto due:

1. se il prezzo va nella direzione a cui hai pensato, sei in guadagno;
2. se il prezzo va nella direzione contraria a quella a cui hai pensato, sei in perdita.

Quindi, alla fine della fiera, chi sono davvero i grandi trader? Sono semplicemente persone come me e come te che riescono a capire (con una percentuale di errore di gran lunga inferiore rispetto alla massa) se il prezzo di un asset punterà al rialzo o punterà al ribasso. Sono quindi persone che tendono a sbagliare molto di meno rispetto alla massa. Tutto qui, fine dei giochi.

Capisci adesso perché ti dicevo che per diventare trader di successo non è necessario essere dei cervelloni? Dopotutto, non so se lo sai, il prezzo di qualsiasi asset (titolo azionario, coppia valutaria, criptovaluta, commodity ecc.) può fare soltanto tre movimenti.

1. Movimento al rialzo (detto anche "up-trend")

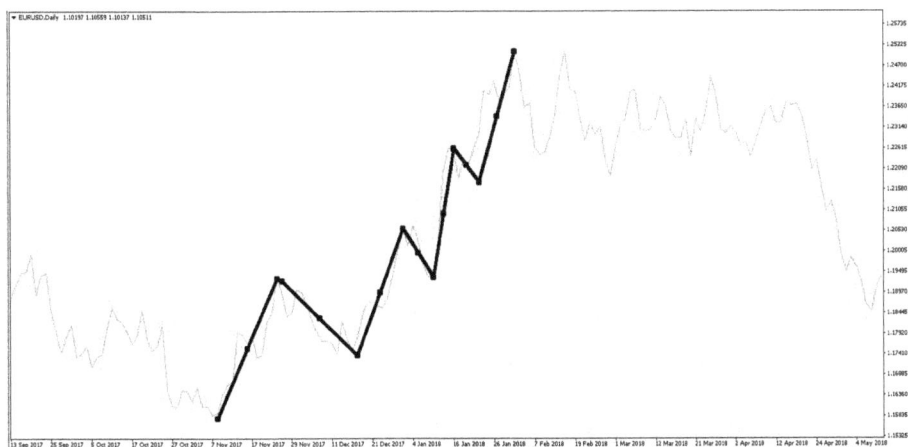

Fig. 1.1 – Esempio EUR/USD (timeframe Daily)

Questo è il caso in cui il prezzo dell'asset punta verso l'alto in funzione di tutta una serie di fattori tecnici e/o macroeconomici. In questo caso si dice che il prezzo dell'asset si sta apprezzando (ossia sta aumentando di valore).

2. Movimento al ribasso (detto anche "down-trend")

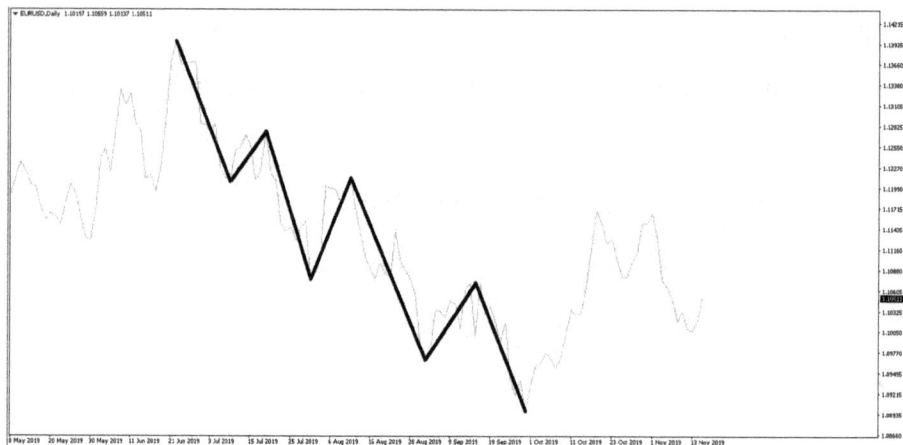

Fig. 1.2 – Esempio EUR/USD (timeframe Daily)

Quando il prezzo dell'asset punta invece verso il basso, si dice che il prezzo sta avendo un movimento al ribasso e, di conseguenza, si sta deprezzando (ossia sta perdendo valore).

3. Movimento laterale (detto anche "lateral phase")

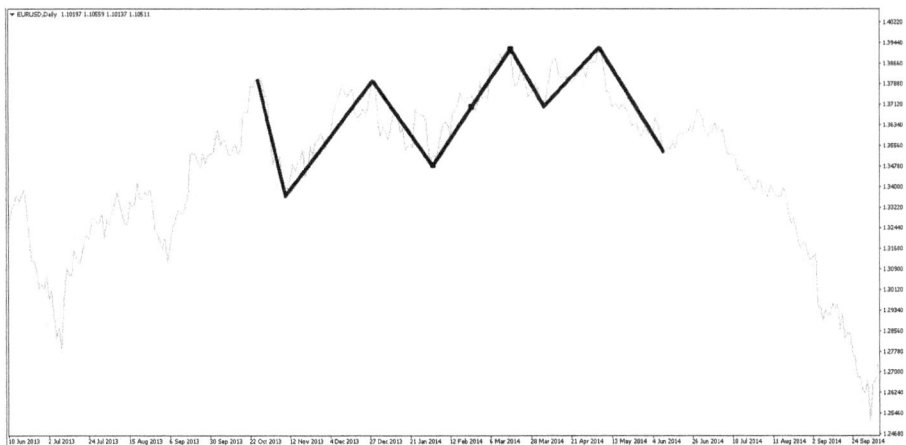

Fig. 1.3 – Esempio EUR/USD (timeframe Daily)

Quest'ultimo è il caso in cui il prezzo dell'asset non segue una direzione ben definita, come invece accadeva nei due casi precedenti. Ebbene, che tu ci creda o no, per il 70% del tempo il prezzo va a zig-zag, su e giù, da sinistra a destra, muovendosi quindi in fase laterale. Quest'ultimo caso è senza dubbio quello più scoraggiante per i trader, in quanto il prezzo, non sapendo esattamente dove andare, non permette loro di entrare a mercato.

Come puoi quindi immaginare, sono soltanto due le cose che un trader di successo deve imparare a capire:

1. La direzione che prenderà il prezzo dal momento in cui il trader entrerà a mercato.

2. Per quanto tempo tenere aperta la posizione in modo che a fine giornata sia profittevole.

Per rispondere a queste due domande, ecco che dobbiamo necessariamente introdurre nel nostro discorso due diverse "correnti di pensiero".

Devi sapere infatti che, prima della nascita del progetto Monkey Trading, esistevano soltanto due modi per fare trading.

Il primo attraverso l'uso dell'analisi tecnica. Il secondo, invece, attraverso l'analisi fondamentale. Scopriamo insieme le caratteristiche di questi due approcci.

Analisi Tecnica

Fig. 1.4 – Esempio di grafico basato sull'analisi tecnica

Hai presente quando al telegiornale senti parlare di notizie di Borsa e vengono mostrate le immagini degli operatori di fronte a decine di monitor volti a captare qualsiasi piccola oscillazione del mercato?

Ebbene, l'analisi tecnica è quella metodologia di trading che fa uso di trendline, indicatori, oscillatori e altri strumenti "tecnici" di questo tipo finalizzati a prevedere l'andamento del prezzo di quel determinato asset.

Inutile dire che in merito a questa disciplina sono stati scritti centinaia e centinaia di libri. Molti sono firmati da vere pietre miliari dell'economia e, fra questi, uno dei più rinomati è, senza dubbio, Charles Dow, creatore del celebre indice "Dow-Jones" che prende appunto il suo nome.

Ed ecco la domanda fondamentale: «Come fanno i trader tecnicisti a guadagnare? Qual è il loro segreto?» Come ti spiegavo prima, questa categoria di trader cerca di prevedere l'andamento del prezzo sulla base di elementi di carattere tecnico.

Facciamo un esempio molto semplificato. Supponiamo che vogliamo prevedere l'andamento del prezzo della coppia EUR/USD così da capire anche il momento esatto in cui entrare a mercato.

Cosa farà l'analista tecnico che vuole investire in un arco temporale relativamente ridotto, ad esempio un'ora?
1. Aprirà il grafico della coppia valutaria da analizzare in un timeframe più elevato rispetto a quello che userà per investire (tipo il Daily).

2. Traccerà la trendline così da analizzare il macro-trend globale.

3. Scenderà di timeframe e, attraverso gli strumenti tecnici messi a disposizione dalla piattaforma di analisi finanziaria, traccerà supporti e resistenze così da verificare se il prezzo, nel timeframe H4 (ossia a 4 ore), sta salendo, scendendo o andando in fase laterale.

4. Infine, analizzerà il timeframe nel quale investire (a 1 ora) e aspetterà il momento giusto in cui il prezzo "romperà" il supporto o la resistenza, rimbalzerà il livello rotto in precedenza, per poi puntare al rialzo (se il macro-trend era rialzista) o al ribasso (se il macro-trend era ribassista).

Il profitto del trader sarà quindi dato dall'aver indovinato o meno la direzione del prezzo in funzione di questi elementi di analisi tecnica.

Chiaramente, quello appena esposto è un esempio fine a sé stesso. Ho cercato infatti di semplificare al massimo il caso esempio, posto il fatto che nella realtà ci sono tanti altri elementi da prendere in considerazione. Uno su tutti? Le notizie.

Devi sapere, infatti, che i trader che investono mediante l'uso dell'analisi tecnica non entrano a mercato se prima non hanno verificato che, in quello specifico arco temporale, non sono presenti notizie macroeconomiche volte a stravolgere le valutazioni tecniche fatte.

Queste persone, infatti, sono solite operare a mercati chiusi, quando cioè il prezzo non è troppo soggetto agli scossoni del mercato, siano essi causati da dichiarazioni di capi di Stato e di Governo, presidenti delle Banche Centrali o da altre notizie macroeconomiche di questo tipo.

Forse non ci crederai ma, a differenza di questa prima categoria di trader, ce n'è un'altra che invece investe solo e unicamente in funzione di questi scossoni di mercato dati dalle notizie finanziarie.

Mi riferisco ai trader che investono proprio in funzione della cosiddetta analisi fondamentale.

Analisi Fondamentale

Ora	Val.	Impatto	Evento	Attuale	Previsto	Precedente
			Venerdì 15 Novembre 2019			
14:30	USD	▼▼▼	Vendite al dettaglio beni essenziali (Mensile) (Ott)	0,2%	0,4%	-0,1%
14:30	USD	▼▼	Indice dei prezzi all'esportazione (Mensile) (Ott)	**-0,1%**	-0,1%	-0,2%
14:30	USD	▼	Indice dei prezzi all'esportazione (Annuale)	**-2,2%**		-1,6%
14:30	USD	▼	Indice dei prezzi all'importazione (Annuale)	**-3,0%**		-1,6%
14:30	USD	▼▼	Indice dei prezzi all'importazione (Mensile) (Ott)	-0,5%	-0,2%	0,1%
14:30	USD	▼▼	Indice manifatturiero del NY Empire State (Nov)	2,90	5,00	4,00

Fig. 1.5 – Esempio di notizie utili per l'analisi fondamentale

Come già accennato, questa seconda categoria di trader, a differenza della prima, entra a mercato solo e unicamente quando si rende conto che quel discorso del capo della Banca Centrale Europea o quella decisione presa, ad esempio, dal Fondo Monetario Internazionale incidono in maniera significativa sul prezzo di quell'asset tanto da determinare uno "scossone" e, quindi, un andamento del prezzo ben chiaro e definito.

Questi professionisti prendono il nome di analisti fondamentali. Generalmente, di questa categoria fanno parte i trader che lavorano all'interno delle più grandi banche d'affari del mondo. Devi sapere, infatti, che questi signori hanno una caratteristica fondamentale che li differenzia totalmente dagli analisti tecnici: mentre questi ultimi passano ore e ore davanti al monitor seguendo le indicazioni date da questo o da quell'indicatore, gli analisti fondamentali sono veri e propri cacciatori di notizie.

In altre parole, analizzano le notizie della giornata, selezionano quelle che ritengono più impattanti a livello di andamento del prezzo, dopodiché entrano a mercato solo dopo aver stimato l'impatto che questa o quella notizia ha sull'andamento del prezzo dell'asset su cui intendono investire. Non usano grafici, non usano indicatori, non usano oscillatori o altri tool di questo tipo. La loro unica arma è data dalle notizie di carattere macroeconomico.

Proviamo a fare un esempio per comprendere meglio. Supponiamo che vogliamo prevedere l'andamento del prezzo della coppia EUR/USD così da stimare anche il momento esatto in cui entrare a mercato.

Cosa farà l'analista fondamentale?

1. Supponiamo che esca il dato sull'inflazione europea e che risulti essere più basso di quello previsto dagli analisti.

2. L'analista fondamentale cercherà di interpretare i dati così da capire la direzione futura del prezzo.

3. L'analista fondamentale sa che la Banca Centrale Europea vuole un'inflazione più elevata per tutta una serie di motivi.

4. L'analista fondamentale comprende che la Banca Centrale Europea, per farla salire, deve stampare più moneta iniettando più liquidità sul mercato.

5. L'analista fondamentale sa bene che l'aumento di moneta porta a una conseguente offerta di moneta.

6. L'analista fondamentale stima quindi che il prezzo dell'euro scenderà.

7. L'analista fondamentale, in funzione di tutte queste considerazioni, decide quindi di investire al ribasso, supponendo che, secondo la propria probabilità soggettiva, il prezzo dell'euro tenderà a decrescere.

Domanda: cos'ha fatto quindi l'analista fondamentale per prevedere l'andamento del prezzo? È andato a studiare i grafici

31

come invece avrebbe fatto l'analista tecnico? Ovviamente no.

Piuttosto, si è limitato a interpretare i dati macroeconomici provenienti dal mercato, capendo che ci sarebbero state buone probabilità che l'euro fosse portato a scendere di prezzo e, quindi, a perdere di valore.

Come avrai sicuramente capito, questi due approcci sono apparentemente così diversi da portarci alla seguente domanda: quale dei due funziona meglio?

La verità è che entrambi gli approcci funzionano a dovere. Ci sono analisti tecnici che guadagnano milioni di dollari attraverso l'uso di indicatori e di altri strumenti tecnici di questo tipo e ci sono analisti fondamentali che generano anch'essi guadagni da capogiro pur senza tracciare una sola linea sul grafico. Questo ci porta a pensare che, indipendentemente dalla corrente di pensiero alla quale ciascuno di noi si potrebbe affidare, entrambi gli approcci risultano corretti.

Peccato solo che diventare bravi trader, tanto con l'analisi tecnica quanto con l'analisi fondamentale, non sia certo una passeggiata. Queste persone, infatti, hanno dietro di sé anni e anni di studio e di pratica che inevitabilmente hanno consentito loro di diventare ciò che sono: grandi professionisti capaci di generare quelli che gli americani chiamano *big bucks*, ossia soldi veri.

Supponiamo adesso che tu voglia cimentarti nell'analisi tecnica. Quanti giorni, quanti mesi e quanti anni dovresti investire in formazione, test ed errori vari per diventare un analista tecnico che a fine anno è stato in grado di raddoppiare, triplicare o, perché no, quadruplicare il proprio capitale iniziale trovando il giusto indicatore, la giusta strategia di trading e il giusto strumento di gestione del capitale?

E se invece decidessi di cimentarti nell'analisi fondamentale? Quante ore dovresti passare sui libri per capire cosa accade al prezzo di una valuta, o di qualsiasi altro asset, se il tasso di inflazione si alza o si abbassa, se il tasso di occupazione cresce o decresce e così via?

Ebbene, lascia che ti dica una cosa. Come già sai, avendo frequentato la Facoltà di Economia, posso dirti che queste stesse nozioni non sono impossibili da imparare. Come mi disse il grafologo l'ultimo anno di liceo, tutto è possibile se hai abbastanza forza di volontà.

La domanda che invece voglio farti è la seguente: se ti dicessi che esiste un modo, esterno a tutto ciò di cui abbiamo appena parlato – esterno cioè tanto ai tecnicismi dell'analisi tecnica quanto alle nozioni macroeconomiche dell'analisi fondamentale – che ti permette, con un grado di affidabilità relativamente alto, di capire se in un arco temporale specifico tenderà al rialzo o al ribasso, ti piacerebbe saperne di più?

Ebbene, se fino a oggi i trader (o aspiranti tali) erano convinti che l'unico modo per investire con successo nei mercati finanziari fosse puntare sullo studio dell'analisi tecnica o fondamentale, ecco finalmente la novità che si va ad affiancare alle due scienze già note.

Questa novità prende il nome di Trading Statistico, e Monkey Trading è il metodo che ti permetterà di avere finalmente l'opportunità di essere profittevole nel mondo degli investimenti. Ma di questo e molto altro parleremo nel corso del prossimo capitolo.

RIEPILOGO DEL CAPITOLO 1:

- SEGRETO n. 1: il prezzo di qualsiasi asset (mercato valutario, azioni, commodity, criptovalute, indici di borsa ecc.) si muove o al rialzo o al ribasso o in fase laterale.

- SEGRETO n. 2: gli analisti tecnici usano strumenti di analisi tecnica (indicatori e oscillatori) per prevedere l'andamento futuro del prezzo.

- SEGRETO n. 3: gli analisti fondamentali usano le notizie macroeconomiche (discorsi dei capi di Stato e delle Banche Centrali) per prevedere l'andamento futuro del prezzo.

- SEGRETO n. 4: attraverso la statistica è possibile prevedere quale direzione potrebbe assumere il prezzo in un arco temporale ben specifico.

Capitolo 2:
Come usare la statistica per investire con successo

Si trovava lì, immerso in un mare di libri tutti dello stesso genere, tutti riguardanti la stessa tematica: il trading. Di libri su questo argomento ne ho letti parecchi, di tutti i tipi. Libri sull'analisi tecnica, libri sull'analisi fondamentale, libri autobiografici scritti da investitori plurimiliardari del calibro di Warren Buffett... ma quel libro no, non sapevo neanche che esistesse.

Inutile dire che se non fosse stato per quel libro, tra l'altro anche leggermente impolverato, questo manuale che stai tenendo ora tra le mani non sarebbe mai venuto alla luce. Quel libro che per me ha rappresentato davvero "la luce" è il più celebre capolavoro di uno dei più grandi trader del mondo. La persona in questione, quella che ha scritto *I segreti del trading di breve termine*, prende il nome di Larry Williams.

Una cosa è certa: quel libro, dal costo apparentemente esorbitante di 69 euro, ha letteralmente cambiato la percezione che fino a quel momento avevo di fare trading. Devi sapere, infatti, che l'autore, attraverso il proprio manuale – che indubbiamente ti consiglio di leggere qualora tu voglia approfondire l'argomento – mostrava una terza strada, un terzo modo, una terza di visione di fare trading che non era legata né all'analisi tecnica né a quella fondamentale. Era piuttosto legata a quella statistica.

Larry Williams, che nel corso degli anni è stato anche più volte vincitore del campionato mondiale di trading, proprio all'interno di quel manoscritto, spiegava la sua visione del trading. Secondo l'autore, il prezzo è come una barca immersa in un mare tempestoso, al cui comando c'è un capitano che la governa.

Logicamente, cosa fa una nave quando si trova in mezzo a un mare pieno di onde? Va su e poi giù, poi di nuovo su e giù e così via. In altre parole, pur trovandosi in balia delle onde che spingono la nave verso l'alto o verso il basso, il capitano sa esattamente verso quale direzione dirigere la propria imbarcazione.

Larry Williams, attraverso i suoi studi, ha capito che in ambito finanziario, nonostante il prezzo di un asset – sia esso un titolo azionario, una coppia valutaria, una commodity ecc. – tenda ad avere un'andatura apparentemente irregolare, nella "pazzia" di quell'andatura c'è un qualcosa di sensato.

Nello specifico, se prendiamo ad esempio il caso della coppia valutaria GPB/CAD e apriamo il grafico per studiarne l'andamento a livello giornaliero, notiamo qualcosa di davvero molto interessante.

La scoperta straordinaria è la seguente: ci sono dei giorni della settimana, dei mesi, delle ore in cui il prezzo tende statisticamente a comportarsi sempre allo stesso modo.

Se ti dicessi, ad esempio, che nel corso dell'anno 2018, sempre in relazione alla coppia valutaria GBP/CAD, la sterlina inglese si è staticamente apprezzata (ossia ha aumentato di valore) il 70% delle volte nel corso delle prime 8 ore della giornata, ossia da mezzanotte fino alle 8 del mattino?

Ciò vuol dire che, se un investitore "smart", operante ad esempio nel settore del Forex o delle Opzioni Binarie, avesse avuto a disposizione questa informazione specifica, invece di stare 10 ore al giorno incollato allo schermo in attesa che qualche indicatore gli suggerisse il momento giusto in cui entrare a mercato (come avrebbe fatto un analista tecnico), o invece di rimanere in attesa dell'uscita di una notizia macroeconomica capace di impattare sul prezzo dell'asset (come nel caso di un analista fondamentale), avrebbe potuto investire una *tot* somma a una *tot* ora per *tot* tempo così da essere profittevole a livello annuale il 70% delle volte!

Ripeto quanto detto perché voglio davvero che ti entri in mente questo concetto. Nel trading puoi essere profittevole in tre modi diversi: passando ore e ore davanti ai grafici usando nozioni di analisi tecnica, rimanendo in attesa di una notizia macroeconomica da interpretare a tuo vantaggio, oppure scoprendo che statisticamente il prezzo tende a fare un movimento specifico (o verso l'alto o verso il basso) un numero elevato di volte in un arco temporale ben preciso.

Il punto quindi è il seguente. Se vuoi diventare un analista tecnico o fondamentale devi necessariamente "studiare" la materia, nella speranza di essere profittevole nel lungo periodo. Risultato? Ore e ore investite in formazione senza però alcuna garanzia di successo.

Sia chiaro: il trading è di per sé un gioco d'azzardo, se lo vogliamo vedere in quest'ottica. Investi una cifra su un determinato asset, imposti la direzione del prezzo e "speri" che tutto vada a buon fine. Inevitabilmente, ciò di cui però un trader alle prime armi non tiene conto è l'insieme di variabili unite da un unico filo conduttore: l'emotività.

Si dice sempre che i risultati che otteniamo siano frutto per l'80% della psicologia (inteso come mindset) e solo per il 20% delle tecniche e delle strategie operative che mettiamo in atto per raggiungerli. Nel trading potremmo azzardare un rapporto 90/10 a mio parere. Questo spiega il motivo per cui, quando un trader si cimenta nel "paper-trading", ha un risultato profittevole un elevato numero di volte, mentre quando poi passa in reale, la percentuale di successi si abbassa incredibilmente.

Per quale motivo questo accade? La mente umana è senza alcun dubbio la "Ferrari" del nostro corpo. Se sai farla sfrecciare lungo le curve della vita, può davvero donarti l'impossibile ma, se inevitabilmente non sei in grado di governarla, ecco che il rischio di schiantarti diventa assai elevato.

Questo è ciò che accade al trader medio: si fa prendere dalla foga del momento, spinge sull'acceleratore più che convinto delle proprie capacità e solo alla fine si ritrova con il conto azzerato e con le gomme a terra.

Vedi, che tu ci creda o meno, è proprio questo il genere di situazioni che ho sempre voluto evitare. Quando, partendo dalle intuizioni di Larry Williams, ho lanciato il progetto Monkey Trading.

Sapevo fin troppo bene qual era l'obiettivo che volevo raggiungere. Volevo sviluppare una strategia di trading che mi permettesse di:
- operare tutti i giorni in maniera continuativa;
- non rimanere attaccato allo schermo per molte ore al giorno;
- non avere bisogno di nozioni troppo difficili da imparare.

In altre parole, ciò su cui ho puntato sono stati i fattori facilità e velocità. Volevo cioè sviluppare una strategia che, avendo come base un fondamento statistico chiaro e rigoroso, mi permettesse di massimizzare le probabilità di generare risultati nel lungo periodo.

Se, ad esempio, in seguito alle mie ricerche, scoprissi che da 20 anni a questa parte il prezzo dell'oro tende a impennarsi il venerdì (cosa peraltro già comprovata), secondo te, avrebbe senso per me investire in questo asset tutti gli altri giorni della settimana? Ovviamente no.

Da bravo investitore smart andrei a investire – a livello giornaliero – solo e unicamente nella giornata di venerdì, sapendo che statisticamente ho le probabilità a mio favore che mi permetterebbero, nel lungo periodo, di essere molto profittevole attraverso questo asset.

Il bello di tutto ciò? Non hai bisogno di utilizzare indicatori, oscillatori, medie mobili e altri tool di questo tipo. Perché a te non interessa entrare a mercato quando il prezzo fa un dato movimento; il tuo obiettivo è piuttosto quello di entrare a mercato quando il prezzo "performa" bene in un dato arco orario.

Non hai neanche bisogno di studiare nozioni di macroeconomia, perché il tuo obiettivo non è quello di aspettare il discorso del presidente della FED o della BCE per capire come le loro parole impatteranno sul prezzo di una valuta o di qualsiasi altro asset finanziario.

Di cosa hai bisogno quindi per essere profittevole nel trading? Ad esempio, di una strategia che ti dica, per quel determinato asset, in quale fascia oraria è statisticamente profittevole investire. Punto. Nulla di più, nulla di meno.

Vuoi sapere adesso qual è la cosa veramente interessante? Non importa se decidi di investire nel mercato azionario, in quello valutario, in quello delle commodity o in quello delle criptovalute. La cosa importante è analizzare i grafici e verificare se, nel lungo periodo, ci sono elementi statistici che ti consentono di riscontrare che il prezzo di quell'asset – in un arco temporale specifico – si comporta tendenzialmente sempre allo stesso modo.

Solo a quel punto per te sarà profittevole investire. Se sai che il prezzo di una coppia valutaria, di un titolo azionario, di una criptovaluta o di una commodity si comporta un numero relativamente alto di volte sempre allo stesso modo, perché non sfruttare questa informazione a tuo vantaggio?

Come puoi ben capire, attraverso questo processo di ricerca, puoi davvero arrivare a scoperte incredibili. Devi sapere infatti che, come vedremo meglio nel corso del prossimo capitolo, ti basterà analizzare con attenzione un grafico qualsiasi, verificare se il prezzo in qualche timeframe specifico tende ad andare *long* (verso l'alto) oppure *short* (verso il basso) e, infine, impostare una strategia di Money Management finalizzata a ottenere il massimo in termini di profittabilità di lungo periodo.

So che quello che ti ho appena detto può sembrare troppo bello per essere vero. Io stesso pensai altrettanto quando ne venni a conoscenza. La cosa straordinaria è che se riesci a impostare bene i tre passaggi appena descritti – quello dell'analisi, quello della verifica statistica e quello della gestione del capitale – stai pur certo che i risultati non tarderanno ad arrivare.

Dopotutto qui non parliamo di "arte" di fare trading, parliamo di "scienza", che come tale può essere imparata e applicata con successo. Tutto sta nel sapere esattamente come fare sia dal punto di vista teorico sia dal punto di vista pratico.

Ricordo che, alcuni anni fa, in seguito alla lettura del celebre libro *Il codice da Vinci* di Dan Brown, spinto dalla curiosità di volerne sapere di più a riguardo, iniziai a leggere molto materiale che trattava la storia del più grande genio italiano di tutti i tempi.

Come tutti sappiamo, Leonardo non fu soltanto un grande pittore e scultore: fu anche un grande ingegnere e progettista, capace di immaginare cose assolutamente impensabili per l'epoca in cui ha vissuto. Una delle frasi che mi ha sempre colpito molto, e che denota la sua infinita saggezza, è la seguente: «L'unico modo per prevenire il futuro è guardare al passato».

Ebbene, personalmente ritengo che dietro questa stessa frase ci sia molto di più di quello che comunemente potremmo pensare. Se cercassimo di applicarla in ambito trading, ad esempio, quale interpretazione potremmo darle? Quella che le ho dato io è che, per quanto nessuno di noi può sapere quale sarà il futuro movimento del prezzo da questo momento in poi, una cosa è certa: sapere cosa ha fatto nel passato può aiutarci a capire cosa potrebbe fare in futuro.

Nel corso del precedente capitolo abbiamo visto quanto impatto abbia la statistica sull'ambito degli investimenti finanziari. Abbiamo anche anticipato che, riuscendo ad analizzare correttamente i grafici, potremmo essere in grado di scoprire se il prezzo – in determinati mesi, settimane, giorni oppure ore – tende a comportarsi allo stesso modo, al rialzo o al ribasso. Tutto ciò indipendentemente dalle notizie macroeconomiche del mercato o dai vari indicatori di analisi tecnica.

Ecco quindi che, nel corso di questo capitolo, vedremo nella maniera più chiara e lineare possibile tutti i passaggi da fare, dalla A alla Z, per analizzare correttamente i grafici, verificare se il prezzo tende al rialzo o al ribasso in determinati timeframe e, infine, vedremo come velocizzare l'intero processo di analisi in maniera automatizzata, senza dover perdere ore e ore dietro lo studio dei grafici.

Tutto ciò di cui abbiamo bisogno è avere sottomano:

- un computer con sistema operativo Windows;
- una piattaforma di trading;
- una semplice calcolatrice.

Tool n.1: computer con sistema operativo Windows

Giustamente ti starai chiedendo: «Per quale motivo dovrei necessariamente usare un computer con sistema operativo Windows, quando magari già dispongo di un Mac? Non è la stessa cosa?»

Apparentemente sì, sarebbe la stessa cosa, se non fosse che la maggior parte delle piattaforme professionali per fare trading, nonostante dispongano di versioni compatibili con Mac, risultano affidabili solo con Windows.

Quindi, se ad esempio hai un Mac e vuoi utilizzare una piattaforma professionale di analisi dei mercati finanziari, ti consiglio caldamente di creare una partizione nel tuo computer Apple così da installarci dentro Windows attraverso lo strumento Boot Camp, già presente nei Mac. Qui di seguito trovi la procedura ufficiale Apple che ti sarà sicuramente di aiuto: https://support.apple.com/it-it/HT201468.

Tool n. 2: una piattaforma di trading

Come forse già saprai, in rete si trovano tantissime piattaforme che potrebbero fare al caso tuo, molte delle quali gratuite e assolutamente affidabili. Una di queste è sicuramente TradingView, che ha la caratteristica di darti la possibilità di visualizzare gratuitamente grafici relativi a qualsiasi tipo di asset finanziario (coppie valutarie, commodity, criptovalute, azioni ecc.). La trovi qui: https://it.tradingview.com.

Il problema però è che questo strumento, per quanto ben fatto, non è abbastanza versatile per i nostri fini statistici. Proprio per questo motivo, il mio consiglio è quello di usare – ad esempio nel campo valutario, ossia Forex e Opzioni Binarie – uno strumento più specifico e professionale che prende il nome di Metatrader MT4.

Esistono molti siti da cui puoi scaricare questa piattaforma, ma quello più affidabile è sicuramente quello qui di seguito che, a differenza degli altri, non da limiti di utilizzo e il periodo di prova è illimitato. Lo puoi trovare a questo link: https://www.xm.com.

Tool n. 3: una semplice calcolatrice

Non sarebbe stato necessario inserire questo terzo e ultimo tool ma, per dovere di cronaca, credo sia giusto farlo. Sia chiaro, non hai bisogno di una calcolatrice scientifica da 250 euro. Ti basta semplicemente l'applicazione del cellulare o quella del tuo computer per effettuare i calcoli.

Come vedrai più avanti, anche se non sei amante della matematica o della statistica in generale, fare questo genere di calcoli diventerà molto più gustoso ed entusiasmante di quello che immagini.

Bene, supponendo di disporre di tutti e tre gli strumenti di cui sopra, e supponendo di aver già installato la nostra piattaforma MT4, vediamo finalmente come implementare l'intero sistema Monkey Trading, passo dopo passo, a cominciare dal processo di analisi dei grafici.

Ti ricordo che tale strategia può essere implementata su qualsiasi mercato tu voglia:

- mercato azionario;
- mercato delle valute;
- mercato delle commodity;
- mercato degli indici di borsa;
- mercato delle criptovalute;
- ecc.

L'obiettivo è invece sempre e unicamente lo stesso: *verificare se ci sono archi temporali specifici in cui il prezzo è portato a tendere una buona percentuale di volte (ben oltre il classico 50%) al rialzo (long) o al ribasso (short); se questa tendenza si viene realmente a manifestare nel lungo periodo, ecco che esiste la concreta possibilità di essere profittevoli in quello specifico mercato finanziario.*

Ottimo, detto questo, possiamo finalmente entrare nel vivo dell'argomento. Lo facciamo iniziando a vedere come strutturare il processo di analisi del prezzo. Premesso che, come detto poco sopra, questa strategia può essere applicata in tanti mercati diversi, per semplicità ti mostrerò come applicarla con successo nel mercato più liquido al mondo, quello delle valute.

Quella che vedi qui sotto altro non è che la schermata della tanto blasonata MT4 di cui ti parlavo. In questo caso esempio, ci concentreremo sulla coppia valutaria EUR/USD (euro/dollaro statunitense).

Fig. 2.1 – Esempio EUR/USD (timeframe Daily)

Come puoi notare, questo programma, che è uno dei più usati dai trader di mezzo mondo, mette a nostra disposizione tantissime funzionalità e opzioni. Quello che tuttavia ci interessa è concentrarci solo su due singoli tool:

1. La barra del timeframe.
2. La barra degli strumenti.

La barra del timeframe è quella che permette al programma di farci visualizzare l'andamento del prezzo su base:

- MN (mensile);
- W1 (settimanale);
- D1 (giornaliera);
- H4 (4 ore);
- H1 (1 ora);
- M30 (30 minuti);
- M15 (15 minuti);
- M5 (5 minuti);
- M1 (1 minuto).

La barra degli strumenti è invece la sezione all'interno della quale possiamo utilizzare tutti quegli strumenti che ci potrebbero consentire di interpretare meglio il grafico.

Passo 1: la scelta del timeframe

La prima parte del nostro processo di analisi consiste nello scegliere il timeframe che intendiamo analizzare. Il timeframe altro non è che "l'arco temporale" all'interno del quale vogliamo concentrare la nostra attenzione.

Giustamente la domanda che ti starai facendo è la seguente: «Quale dei tanti timeframe fa più al caso mio?» Ebbene, sulla base delle ricerche statistiche effettuate, il mio consiglio è di evitare di concentrarti sia sui timeframe "più brevi" (quindi M1, M5, M15, M30 e H1) sia su quelli "più lunghi" (quindi MN e W1). Rimangono quindi in gioco soltanto D1 (timeframe giornaliero) e H4 (timeframe a 4 ore).

Mi chiederai: «Perché dovrei concentrare le mie ricerche solo e unicamente su questi due timeframe andando a escludere tutti gli altri? Non rischio di perdere opportunità preziose per investire?» Il concetto è questo: non c'è alcun dubbio sul fatto che, se vai ad analizzare timeframe troppo "bassi" o troppo "alti", tu possa trovare delle fasce orarie in cui il prezzo statisticamente tende verso l'alto o verso il basso.

Prova a pensare, però, quanto tempo ti porterebbe via, ad esempio, analizzare un timeframe a 5 minuti (M5). Il tutto considerando che in una singola ora ci sono 12 blocchi da 5 minuti. Ciò vuol dire che in un giorno, formato da 24 ore, ci sono 288 blocchi da 5 minuti.

Inoltre, poiché il nostro obiettivo è quello di analizzare una tendenza di lungo periodo (ad esempio su base annuale), pensi che riusciresti ad analizzare tutti i 105.120 blocchi da 5 minuti che sono presenti in un anno solare? Diventeresti matto!

Ecco perché ci concentreremo, nel corso di questo caso esempio, sul timeframe D1 (daily). Dopotutto il nostro obiettivo è sì quello di scoprire eventuali tendenze nel lungo periodo, ma anche farlo con il dovuto relax.

Quindi, ora che abbiamo identificato il nostro obiettivo di trading, dobbiamo procedere alla fase 2, ossia al vero e proprio processo di ricerca statistica.

Passo 2: analisi del timeframe
Nel caso in cui la schermata iniziale della tua MT4 dovesse essere

diversa dalla mia (dal punto di vista cromatico), ti basta cliccare con il tasto destro del mouse su una parte qualsiasi del grafico, andare su proprietà e inserire questi stessi colori così da avere un grafico cromaticamente identico al mio, a cominciare dallo sfondo bianco.

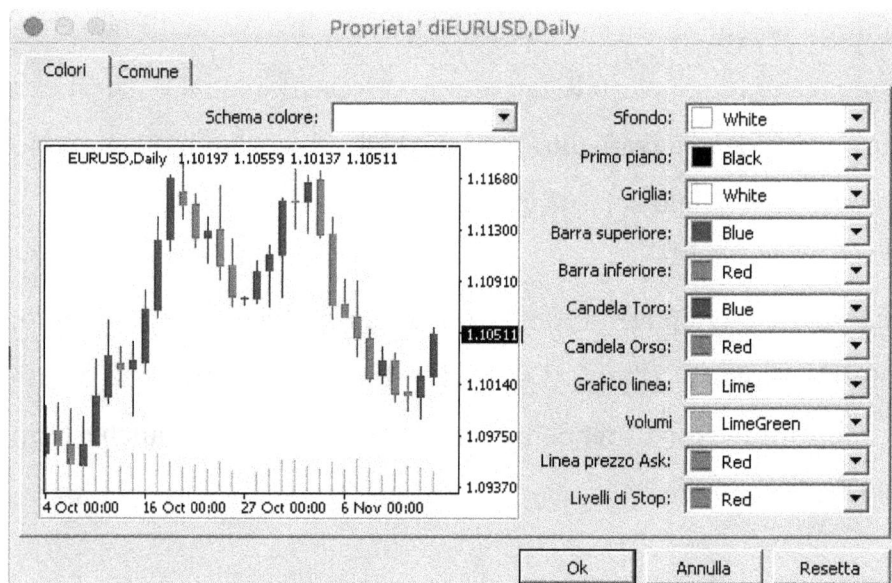

Fig. 2.2 – Esempio scala cromatica Metatrader MT4

Bene, ora che abbiamo reso più leggibile il grafico, dobbiamo procedere con l'analisi vera e propria. Per farlo, dobbiamo utilizzare l'unico tool davvero fondamentale della MT4, ossia quello per disegnare le righe verticali.

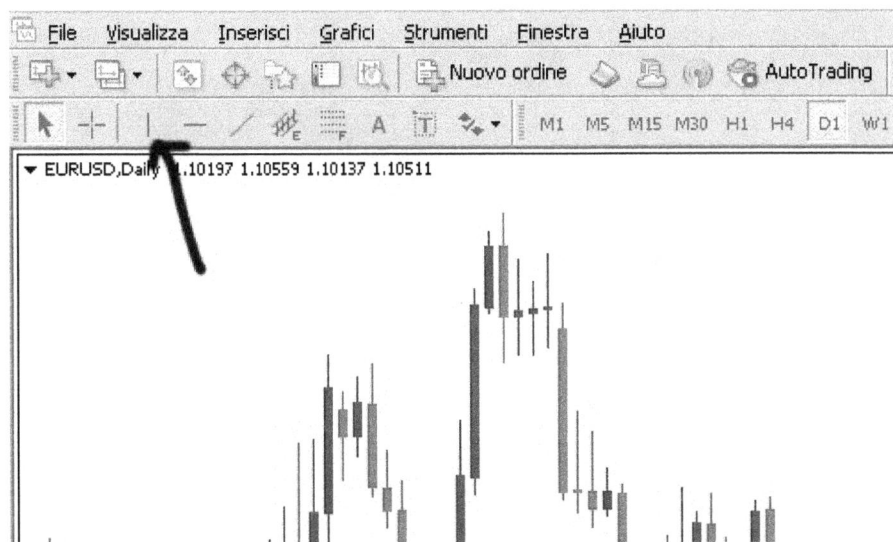

Fig. 2.3 – Strumento linea verticale Metatrader MT4

Questo tool ti consente di verificare, come in questo caso esempio, se ci sono stati giorni specifici (dal lunedì al venerdì) in cui il prezzo è andato un numero statisticamente elevato di volte verso il basso oppure verso l'alto.

Ciò che dobbiamo fare a questo punto consiste nell'aprire il calendario dell'anno che vogliamo analizzare (ad esempio il 2018) e inserire una riga verticale su tutti i lunedì dell'anno. Ad esempio, se a gennaio 2018 lunedì è venuto l'1, l'8, il 15, il 22 e il 29 del mese, ecco che andremo a inserire, per quello stesso mese, 5 linee verticali, una per ogni lunedì del mese. Stessa cosa faremo per febbraio 2018, per marzo e per tutti gli altri mesi dell'anno che vogliamo prendere in considerazione.

Alla fine, ciò che ottieni è un grafico di questo tipo.

Fig. 2.4 – Grafico EUR/USD timeframe Daily (analisi annuale)

So che a prima vista questo lavoro di analisi può sembrare macchinoso. All'inizio ammetto che lo è, ma più avanti ti mostrerò un modo per velocizzare l'intero procedimento senza commettere errori.

Tornando a noi, ora che abbiamo sottomano questa situazione, dobbiamo procedere con il calcolo statistico vero e proprio. Come fare? Non ci crederai ma è più facile di quello che pensi.

Passo 3: statistica del timeframe

Analizzare statisticamente un timeframe vuol dire, nel nostro caso esempio, verificare se esistono dei giorni specifici della settimana in cui statisticamente il prezzo dell'euro contro il dollaro USA tende un numero relativamente elevato di volte (a livello percentuale) o al rialzo o al ribasso.

Per verificare al meglio la presenza di un'eventuale tendenza di questo tipo, il mio consiglio è di prendere un pezzo di carta (non un classico file Word) e segnare per ogni giorno della settimana – dal lunedì al venerdì – se il prezzo è andato long (al rialzo) oppure short (al ribasso).

Quindi, tenendo presente che il mercato delle valute è aperto 5 giorni a settimana (dal lunedì al venerdì), e che in un anno ci sono 52 settimane, sul tuo pezzo di carta andrai a creare uno schema di questo tipo.

- LUNEDÌ   su 52 totali = (n°) long e (n°) short
- MARTEDÌ   su 52 totali = (n°) long e (n°) short
- MERCOLEDÌ   su 52 totali = (n°) long e (n°) short
- GIOVEDÌ   su 52 totali = (n°) long e (n°) short
- VENERDÌ   su 52 totali = (n°) long e (n°) short

Tutto ciò che devi fare, a questo punto, è verificare giorno per giorno se il prezzo della candela è andato al rialzo oppure al ribasso. Dopodiché, inserirai tale valore numerico all'interno dello schema di cui sopra, andando finalmente a delineare una situazione di questo tipo.

- LUNEDÌ   su 52 totali = (32) long e (20) short
- MARTEDÌ   su 52 totali = (20) long e (32) short
- MERCOLEDÌ   su 52 totali = (28) long e (24) short
- GIOVEDÌ   su 52 totali = (28) long e (24) short
- VENERDÌ   su 52 totali = (26) long e (26) short

Cosa abbiamo scoperto, ad esempio, analizzando la coppia valutaria EUR/USD a livello giornaliero? Nell'anno 2018, ci sono dei giorni in cui il prezzo è tendenzialmente andato al rialzo o al ribasso?

Come puoi notare, questo prospetto ci rilascia delle informazioni che definire "d'oro" è dire poco.

Analizziamo adesso queste stesse informazioni appena redatte ma da un punto di vista prettamente percentuale. La domanda rimane sempre la stessa: esistono dei giorni in cui è particolarmente profittevole investire?

- LUNEDÌ   su 100% totali = (62%) long e (38%) short
- MARTEDÌ   su 100% totali = (38%) long e (62%) short
- MERCOLEDÌ   su 100% totali = (54%) long e (46%) short
- GIOVEDÌ   su 100% totali = (54%) long e (46%) short
- VENERDÌ   su 100% totali = (50%) long e (50%) short

Data quest'ultima visione d'insieme, ecco ciò che ne consegue:

- I giorni in cui risulta profittevole investire sull'euro contro il dollaro americano sono il lunedì (al rialzo) e il martedì (al ribasso).
- Il mercoledì e il giovedì sono giorni in cui sembra essere altrettanto profittevole investire sull'euro (al rialzo) sebbene in

maniera relativamente più bassa rispetto ai primi due giorni della settimana.

- Il venerdì risulta essere invece il giorno in cui è consigliabile non entrare mai a mercato in quanto i dati non manifestano una tendenza chiara del prezzo, verso l'alto o verso il basso.

Come hai potuto vedere anche tu, attraverso l'analisi statistica puoi davvero scoprire informazioni di estremo valore in merito a quando investire, con la consapevolezza di avere la probabilità matematica a tuo favore.

Da bravo trader, quindi, ti chiedo: avrebbe senso per te investire tempo, risorse ed energie per piazzare investimenti ogni singolo giorno della settimana, sapendo finalmente che esistono giorni specifici in cui il prezzo dell'asset tende a muoversi un numero statisticamente elevato di volte verso l'alto o verso il basso? Ovviamente no.

Come puoi capire, ciò che fa veramente la differenza tra un trader di successo e uno fallimentare sta nella capacità di essere profittevole nel lungo periodo. Troppo spesso infatti siamo portati a pensare che il vero trader sia colui che passa ore e ore davanti al monitor alla ricerca del cosiddetto "prossimo investimento". La verità, imparata anche a mie spese, è invece un'altra: il vero trader di successo è colui che fa poche operazioni finanziarie, ma con una precisione a dir poco "chirurgica".

A tal proposito, hai presente le varie serie Tv ambientate in ospedale, tipo *E.R.* o *Grey's Anatomy*? Non è forse vero che, persino nelle fiction, i grandi medici sono coloro che, quando si trovano a operare un paziente, prestano un'estrema attenzione all'incisione da fare minimizzando di conseguenza il rischio di complicazioni in sala operatoria? Ebbene, nel trading funziona esattamente allo stesso modo.

Ciò che devi fare è prestare massima attenzione ai dati statistici in tuo possesso, imparare a interpretarli e, successivamente, capire in quale punto "incidere". Nel nostro caso esempio, ci siamo occupati di un timeframe relativamente facile da analizzare (il giornaliero), sebbene ti consiglio vivamente di estendere la tua ricerca statistica anche agli anni precedenti. Solo così potrai verificare se la scoperta che hai fatto ha davvero una solida valenza statistica oppure no.

Una cosa è certa: quella che abbiamo appena trovato è sicuramente un'ottima base di partenza. Prova a immaginare cosa sarebbe successo se, a inizio 2018, disponendo di queste stesse informazioni, avessimo investito sempre solo e unicamente nelle giornate di lunedì (al rialzo) e di martedì (al ribasso).

Ti rendi conto di quanto avresti potuto guadagnare a fine anno senza bisogno di avere particolari conoscenze di analisi tecnica e di analisi fondamentale?

Certo, interpretare i segnali del mercato e comprendere cosa accade nel mondo a livello macroeconomico è sempre un grandissimo valore aggiunto, ma quanto sarebbe stato bello sfruttare questa stessa informazione matematica a tuo vantaggio così da ritrovarti in profitto a fine anno? E questo, tu pensa, investendo solo e unicamente nei giorni della settimana in cui sai che è statisticamente più probabile che il prezzo vada in quella direzione.

Come ti dicevo all'inizio, il Monkey Trading può essere applicato qualunque sia il tuo asset di riferimento, sia esso un titolo azionario, una coppia valutaria, una commodity, una criptovaluta, un indice di borsa e così via.

E se adesso ti dicessi che esiste un sistema che, in meno di 2 secondi di orologio, ti consente di tracciare tutte le statistiche di tutti i timeframe di tutti gli anni di tutti gli asset presenti sula piattaforma MT4, scommettiamo che ti piacerebbe saperne di più?

Se la risposta è sì, allora preparati. Nel corso del prossimo capitolo ti mostrerò un software potentissimo che ti consentirà di aumentare di 1.000 volte la tua velocità di analisi statistica, qualunque sia il timeframe che vuoi analizzare.

RIEPILOGO DEL CAPITOLO 2:

- SEGRETO n. 1: è possibile individuare in quali mesi, quali settimane, quali giorni e in quali fasce orarie il prezzo tende statisticamente al rialzo o al ribasso, così da aumentare le probabilità di profitto.

- SEGRETO n. 2: tutto ciò di cui hai bisogno per fare Trading Statistico è un computer con sistema operativo Windows, una piattaforma di trading affidabile e una semplice calcolatrice.

- SEGRETO n. 3: concentra la tua attenzione solo e unicamente sui timeframe a medio-lungo termine, in particolare su D1 (daily) e H4 (4 ore).

- SEGRETO n. 4: investi solo e unicamente nei timeframe in cui il prezzo tende a essere al rialzo o al ribasso, con una percentuale statistica di successo superiore al 60%.

Capitolo 3:
Come applicare il Monkey Trading
a qualsiasi asset

Nel corso del precedente capitolo, abbiamo visto tutti i passi da fare per analizzare in maniera manuale le statistiche relative al timeframe che stiamo osservando. Abbiamo capito che il processo di analisi si sviluppa fondamentalmente in 3 fasi:

- *Fase 1: scelta del timeframe.*
- *Fase 2: analisi del timeframe.*
- *Fase 3: statistica del timeframe.*

Abbiamo visto anche che analizzare un timeframe è altresì un processo lungo e laborioso, poiché ciò che facciamo è concentrarci su un anno specifico di riferimento e, da lì, iniziare a tracciare le varie linee per identificare l'analisi che vogliamo fare.

Se c'è una cosa che ho imparato è che, soprattutto quando si ha a che fare con numeri, statistiche e matematica in generale, la probabilità di commettere errori è inevitabilmente alta.

Se ci pensi bene, nel caso precedente, in cui abbiamo analizzato la coppia valutaria EUR/USD nel timeframe Daily (ossia giornaliero), quello che abbiamo fatto non è stato soltanto tracciare le linee verticali così da delimitare ogni settimana, ma abbiamo calcolato quante volte il prezzo tendeva verso l'alto e quante verso il basso, e l'abbiamo fatto per ogni giorno della settimana, dal lunedì al venerdì, a livello annuale.

Comprendi bene che l'errore, in questi casi, è davvero dietro l'angolo. Prova a immaginare se ci fossimo impegnati a fare la stessa cosa ma con un timeframe più basso, tipo H4 (ossia con intervalli di 4 ore). Ci avremmo messo una vita.

Ti dico questo non tanto perché sia impossibile a livello di tempo, quanto perché, quando inizi ad analizzare una quantità assai elevata di dati, come ti dicevo prima, potresti sbagliare molto facilmente. E noi, da bravi trader, chiaramente non vogliamo sbagliare:

piuttosto vogliamo cercare di massimizzare la velocità di elaborazione dei dati minimizzando il tempo a nostra disposizione. Ed ecco che, dopo mesi e mesi in cui ho passato ore e ore a tracciare linee verticali alla ricerca di fasce orarie profittevoli, finalmente ho avuto un lampo di genio.

Ricordo che, una domenica di qualche mese fa, davano in seconda serata un film con Brad Pitt, *L'arte di vincere*. In questo film, il celebre attore americano impersona un manager di baseball che, non potendo contare su un budget sufficientemente grande per acquistare campioni per la propria squadra, trova una soluzione molto più furba.

Con l'aiuto di un esperto in statistica, ideatore di un algoritmo a dir poco geniale, decide di portare in squadra tutta una serie di giocatori che, pur essendo dotati di talento, erano tuttavia sottostimati (dal lato economico) dalle stesse squadre in cui militavano. In altre parole, questo algoritmo passava in rassegna tutte le statistiche di tutti i giocatori della MLB e scopriva quali giocatori potevano essere acquisiti a un costo di gran lunga inferiore al loro valore reale.

Questo film, tratto da una storia vera, è stato indubbiamente di grandissima ispirazione per me. Se infatti fino a quel giorno perdevo un sacco di tempo a tracciare linee, a segnare le statistiche e a verificare se esistevano fasce orarie profittevoli per più di 20 coppie valutarie diverse, in altrettanti timeframe differenti (tutto in maniera manuale, lo ricordo), dopo aver visto quel film tutto mi è stato subito chiaro.

Dovevo trovare un software capace da un lato di massimizzare la velocità di elaborazione dei dati e dall'altro di minimizzare la possibilità di commettere errori. Dopo infinite ricerche, email a sviluppatori e a software house di programmi finanziari, ecco che finalmente ho trovato ciò di cui avevo bisogno. Sto parlando di quello che ho poi ribattezzato Monkey Analysis™.

Devi sapere che la potenza di questo software non sta tanto e solo nella sua capacità e velocità di calcolo. In altre parole, non solo ti permette di verificare – una volta scelto il timeframe da analizzare – se esistono fasce orarie profittevoli, ma ti permette anche di scoprire, nel giro davvero di 2 secondi netti di orologio, se esistono delle fasce orarie "incrociate", all'interno delle quali il prezzo di un asset tende verso l'alto o verso il basso con una percentuale di successo pari al 60-70%.

Lascia che te lo spieghi meglio con un esempio pratico che riesca a delineare l'esatto funzionamento del tool in questione.

Fig. 3.1 – Grafico EUR/USD timeframe H4

Quella che vedi nell'immagine è la schermata della MT4 che ormai dovresti aver già imparato a conoscere, giusto? Guardando sulla parte sinistra del grafico, è presente una barra di navigazione verticale con tutta una serie di strumenti. All'interno della cartella programmi è presente il software di analisi statistica che ho chiaramente installato. Ciò che faccio per mandare in esecuzione il programma è questo:

1. Seleziono la coppia che voglio analizzare (ad esempio EUR/USD).

2. Seleziono il timeframe di riferimento (ad esempio H4).

3. Trascino la cartella con il nome del programma all'interno del grafico.

Arrivato a questo punto, mi si aprirà questa schermata.

Sul programma	Comune	Valori di input		

Variabile	Valore		
Data inizio ricerca	1970.01.01 00:00		
Data fine ricerca	1970.01.01 00:00		
Prezzo candela inizio giornata	Apertura		
Prezzo candela fine giornata	Apertura		
Tolleranza giornate flat (pips)	1.0		
Separatore CSV	:		Carica
Separatore decimali	,		Salva
		OK	Annulla	Resetta

Fig. 3.2 – Schermata base del Monkey Analysis™

Tutto ciò che devo fare per mandare in esecuzione il programma di analisi statistica consiste nell'inserire le informazioni richieste dal programma. Ad esempio, se voglio vedere cos'ha fatto il prezzo nell'anno 2018 a livello del timeframe H4, inserirò gli stessi dati che trovi nella schermata qui di seguito:

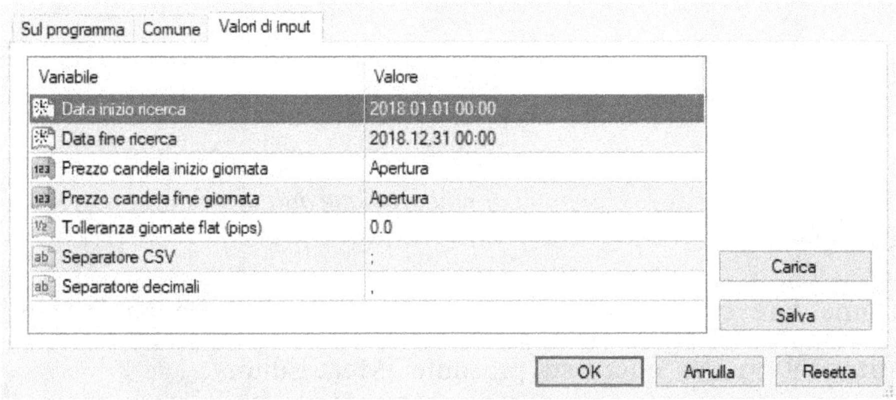

Fig. 3.3 – Setting del Monkey Analysis™ (anno 2018)

Una volta impostati i valori che mi interessano, relativi all'arco temporale che voglio analizzare, premo il tasto "ok" e, nel giro di 2 secondi netti, il programma ha già tirato giù tutta la statistica che gli ho richiesto e ha formattato tali informazioni all'interno di un file csv. Il popup di conferma che comparirà poco dopo mi confermerà che tutto è andato a buon fine.

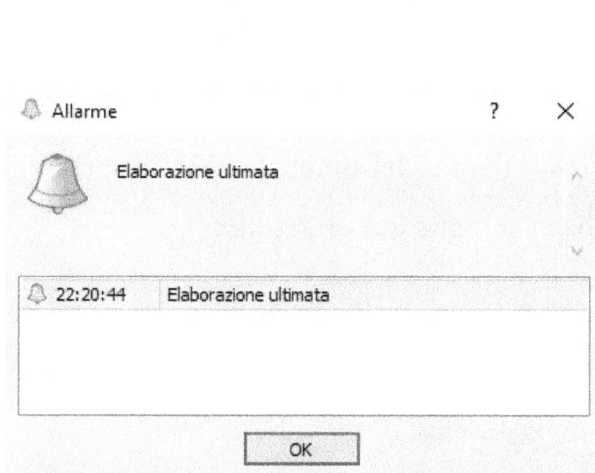

Fig. 3.4 – Esempio di elaborazione dati ultimata

Come fare quindi per visualizzare tali dati? Nella barra degli strumenti in alto, clicco sul pulsante "Meta Editor".

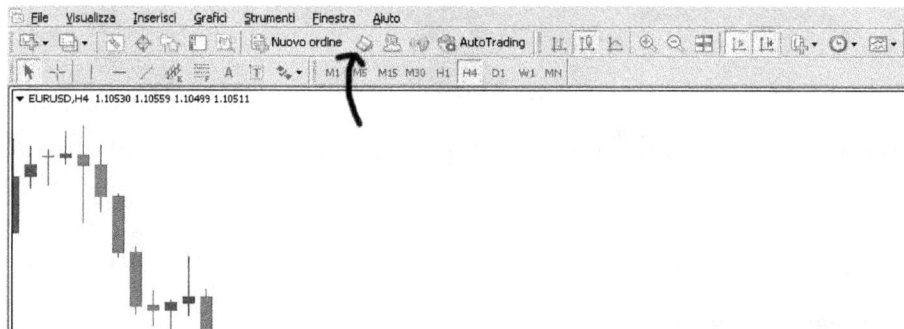

Fig. 3.5 – Esempio di utilizzo dello strumento "Meta Editor"

A questo punto mi si aprirà una nuova schermata. Facendo click con il tasto destro nel menù a sinistra su "Files" e poi selezionando la voce "Apri Cartella" ecco che mi si aprirà la lista di tutte le statistiche generate dal programma di calcolo.

Tali statistiche possono essere generate in relazione a qualsiasi timeframe io desideri, a esclusione del W1 (settimanale) e del MN (mensile) per cui tale operazione non è possibile.

Facendo doppio click sul file csv che il programma ha generato, ecco che posso finalmente scoprire se per la coppia valutaria EUR/USD esistono delle fasce orarie profittevoli in cui è statisticamente profittevole investire oppure no.

I risultati che questo programma ha appena generato hanno dell'incredibile.

	04:00		08:00		12:00		16:00		20:00	
	alto	basso	alto	basso	alto	basso	alto	basso	alto	basso
00:00	176	82	160	98	137	122	137	122	136	123
04:00			139	119	125	135	126	133	133	127
08:00					126	134	124	136	132	128
12:00							135	125	131	129
16:00									131	129

Fig. 3.6 – Statistica EUR/USD (timeframe H4 – anno 2018)

Come puoi notare, il programma non ha fatto altro che creare una sorta di tabellina che permette – incrociando i dati – di scoprire come si è comportato il prezzo all'interno di più fasce orarie combinate. Ma lascia che ti spieghi meglio come interpretare questa rappresentazione.

Ad esempio, da questa tabella possiamo notare che, nel 2018, in merito all'arco temporale che va dalle 00:00 alle 04:00, il prezzo si è chiuso al rialzo 176 volte sulle 258 totali. Questo vuol dire che, se nel corso di tutto il 2018 avessimo investito *long* (ossia al rialzo), a fine anno avremmo avuto ben il 68% di esiti a nostro favore.

	04:00		08:00		12:00		16:00	
	alto	basso	alto	basso	alto	basso	alto	basso
00:00	176	82	160	98	137	122	137	122
04:00			139	119	125	135	126	133
08:00					126	134	124	136
12:00							135	125
16:00								

Fig. 3.7 – Statistica EUR/USD (timeframe H4 – 00.00-04.00)

Capisci il senso di tutto ciò? È come dire: tiro una monetina 10 volte e so di avere quasi il 70% di probabilità che esca testa.

Prova a immaginare adesso la stessa situazione su base 258 lanci, come nel caso della valuta EUR/USD. Lanci la monetina 258 volte e ben 176 volte esce testa. Non è straordinaria la scoperta che abbiamo fatto grazie a questo programma, in meno di 2 secondi di orologio? Andiamo avanti e vediamo cos'altro ci dice il programma.

Un altro dato interessante è che, persino a occhio nudo, possiamo notare che a mercati chiusi – quindi da mezzanotte fino alle otto di mattina – l'euro tende a spingere verso l'alto, aumentando il proprio valore (apprezzandosi).

	04:00		08:00	
	alto	basso	alto	basso
00:00	176	82	160	98
04:00			139	119
08:00				
12:00				
16:00				

Fig. 3.8 – Statistica EUR/USD (timeframe H4 – 00.00-08.00)

In questo caso, i dati sono molto simili ai precedenti: se consideriamo infatti la fascia oraria che va dalle 00:00 alle 08:00, il prezzo si è chiuso al rialzo ben 160 volte sulle 258 totali. Questo vuol dire che, se nel corso di tutto il 2018 avessimo investito *long* (ossia al rialzo), a fine anno avremmo avuto il 62% di esiti a nostro favore. Un dato che non si discosta poi molto dal 68% della fascia oraria precedente.

Ancora, quale altra informazione possiamo tirar fuori da questa analisi statistica? Una su tutte: a mercati aperti, volendo investire di 4 ore in 4 ore, il risultato sarebbe fallimentare. Ecco perché:

- 00.00-04.00: 68% successo (prezzo al rialzo).
- 00.04-08.00: 54% successo (prezzo al rialzo).
- 08.00-12.00: 51% successo (prezzo al ribasso).
- 12.00-16.00: 52% successo (prezzo al rialzo).
- 16.00-20.00: 51% successo (prezzo al rialzo).

Pertanto, a parte l'arco temporale che va da mezzanotte alle quattro di mattina, nel resto della giornata il prezzo – da un punto di vista prettamente statistico – non ha un movimento "tendenzialmente" al rialzo o al ribasso.

In altre parole, è come se lanciando la monetina da mezzanotte alle quattro di mattina avessimo il 68% di probabilità che esca testa, mentre se la lanciassimo in una delle altre fasce orarie che compongono la giornata, la percentuale di successo sarebbe sempre attorno al 50%.

Morale della favola, quando sarebbe intelligente "lanciare la monetina" così da essere profittevoli nel lungo periodo? Solo e unicamente nella fascia oraria 00.00-04.00.

Motivo per il quale, così facendo, potrebbe essere potenzialmente profittevole concentrare le nostre risorse nella fascia oraria che più di tutte ci garantisce statisticamente maggiori probabilità di vittoria.

Quello che ti mostro adesso, invece, è un'evoluzione di quello che ti ho appena spiegato. Nel corso delle prossime righe ti mostrerò infatti come trovare fasce orarie ancora più specifiche e profittevoli, senza necessariamente rimanere "legati" ai classici timeframe di cui abbiamo già parlato.

Come trovare timeframe profittevoli attraverso l'incrocio dei dati
Attraverso il programma di analisi statistica che ti ho presentato, possiamo verificare se, nelle fasce orarie "tradizionali" relative al timeframe da noi analizzato, vi sono probabilità di fare trading in maniera profittevole nel lungo periodo.

Se ti dicessi adesso che il programma in questione ci permette anche di verificare se, ad esempio, tra le 02.00 e le 05.00 il prezzo tende a muoversi un numero statisticamente elevato di volte o al rialzo o al ribasso, non ti piacerebbe saperne di più?

Scopriamo meglio questo secondo scenario con un esempio.

	00:30		01:00		01:30		02:00		02:30		03:00		03:30		04:00	
	alto	basso	alto	basso	alto	basso	alto	basso	alto	basso	alto	basso	alto	basso	alto	basso
00:00	171	82	155	92	189	68	182	76	186	71	174	81	175	82	176	82
00:30			126	126	166	90	168	88	165	90	158	99	157	99	166	92
01:00					185	72	171	87	170	87	167	92	155	101	166	91
01:30							139	115	140	117	150	108	153	106	151	108
02:00									137	116	143	112	148	110	152	105
02:30											139	119	146	110	139	119
03:00													135	123	134	125
03:30															139	118
04:00																

Fig. 3.9 – Statistica EUR/USD (timeframe M30 – anno 2018)

Quella che vedi qui sopra è una schermata di analisi relativa alla coppia EUR/USD, sempre in merito all'anno 2018. Come puoi notare, questi valori sono stati estrapolati sulla base di un'analisi fatta su un timeframe M30 (ossia a 30 minuti). Cosa ci dice di interessante questo grafico che in un certo senso va ad ampliare, in maniera più approfondita, i dati che abbiamo analizzato prima?

Due cose su tutte:

1. Con scadenza a 30 minuti, l'arco temporale in cui è più profittevole fare trading è dalle 01.00 alle 01.30 (il prezzo va al rialzo il 72% delle volte).

2. Se invece consideriamo una scadenza più ampia e "liquida", l'arco temporale in cui è più profittevole fare trading è sempre nella notte, a mercati chiusi, ma dalle 00.00 alle 02.30 (72% delle volte).

Il concetto, quindi, è solo e unicamente uno: quando ti trovi a ricercare un arco temporale specifico per fare trading, non rimanere ancorato ai classici timeframe tradizionali. Come ti ho appena dimostrato, fare trading su base statistica è tanto più profittevole quanto più sei in grado di analizzare in profondità le fasce orarie della giornata. Una delle cose che consiglio abitualmente è di evitare di investire in archi temporali relativamente brevi. Se ti ricordi, infatti, all'inizio ti avevo consigliato di evitare sia i timeframe troppo ampi (a livello mensile e settimanale, per intenderci) sia quelli troppo ristretti (con scadenze a 1 minuto, 5 minuti, 15 minuti, 30 minuti e addirittura 1 ora). Il motivo è dato dal fatto che, purtroppo, per noi comuni trader sarebbe a dir poco difficile – ma non impossibile – investire su timeframe di questo tipo.

Timeframe ampi come quello a scadenza mensile o settimanale non permettono, a mio avviso, di fare trading in maniera sostenuta. Immagina ad esempio di dover aspettare ogni volta una specifica settimana (delle 4 mensili) prima di piazzare il tuo investimento. Converrai con me che ti passerebbe la voglia di fare trading.

Stessa cosa per i timeframe a scadenza breve o mediamente breve. Investire su questi timeframe ti porterebbe a rimanere incollato davanti al computer in orari magari impossibili e per scadenze davvero troppo brevi che, inevitabilmente, non ti consentirebbero di generare un profitto tale da giustificare un impegno – anche in termini di risorse fisiche e di tempo – di questo tipo.

Motivo per il quale, prendi sempre come riferimento le fasce orarie dalle 4 ore in su, così da unire in un certo senso l'utile al dilettevole. A tal proposito, un'ulteriore dritta che mi sento di darti è la seguente: più lungo è l'arco temporale di riferimento, meglio è.

Spiego meglio questo concetto condividendo questo nuovo screenshot.

7		07:30		08:00		08:30	
8		alto	basso	alto	basso	alto	basso
9	00:00	172	86	160	98	166	93
10	00:30	157	101	153	106	154	104
11	01:00	153	103	146	112	152	106
12	01:30	149	110	139	120	142	117
13	02:00	153	106	138	120	142	117
14	02:30	143	115	136	122	136	122
15	03:00	136	122	130	128	128	131
16	03:30	135	122	132	127	131	127
17	04:00	134	125	139	118	134	122
18	04:30	136	122	137	120	133	125
19	05:00	130	129	129	128	123	134
20	05:30	114	143	122	137	117	141
21	06:00	119	138	123	137	119	138
22	06:30	124	133	115	143	125	134
23	07:00	115	142	128	131	125	131
24	07:30			128	126	129	129
25	08:00					128	129

Fig. 3.10 – Statistica EUR/USD (timeframe M30 – 00.00-07.30)

Se ad esempio, incrociando i dati, dovessi scoprire che c'è una fascia oraria – quella dell'esempio – che va dalle 00.00 alle 07.30 (stiamo parlando quindi di ben 7 ore e mezza di investimento), in cui il prezzo è al rialzo il 66% delle volte, inutile dirti che hai appena trovato la tua "gallina dalle uova d'oro".

Questa, ad esempio, è la classica situazione perfetta che qualsiasi trader vorrebbe avere a portata di click. Principalmente per due motivi:

1. L'arco temporale è relativamente lungo (7 ore e mezza).
2. La percentuale statistica della profittabilità è elevata (66%).

Indipendentemente dal fatto che tu faccia trading nel Forex, nel mercato azionario, negli indici di borsa, nelle criptovalute, nelle commodity e così via, è questa la tipologia di situazione ideale che ti consiglio di prendere in considerazione così da essere profittevole nel lungo periodo.

Ora che abbiamo capito come fare per ricercare – tanto in maniera *standard* quanto in maniera *avanzata* – in quali fasce orarie specifiche potrebbe essere profittevole fare trading, qualunque sia l'asset di riferimento, la domanda che dovrebbe sorgerti spontanea, a questo punto, è la seguente: *Ok Roberto, ho capito la strategia, ho capito come effettuare l'analisi statistica, ho capito su quali fasce orarie concentrare la mia attenzione, ma... qual è la giusta quantità di capitale che dovrei investire su ogni singola operazione?*

Giustamente, qualsiasi strategia di trading di successo si fonda su due pilastri fondamentali: la tecnica da utilizzare e la gestione del capitale da implementare. La tecnica l'hai già vista e adesso non ti rimane altro che implementarla. Della corretta gestione del capitale finalizzata a massimizzare i tuoi profitti finali, che prende il nome di *Money Management*, parleremo invece nel corso del quarto e ultimo capitolo di questo libro.

RIEPILOGO DEL CAPITOLO 3:

- SEGRETO n. 1: qualunque sia l'asset nel quale vorresti investire, potrebbe esistere l'opportunità di trovare archi temporali specifici nei quali il prezzo tende un numero statisticamente alto di volte al rialzo o al ribasso.

- SEGRETO n. 2: prima scegli il timeframe su cui intendi investire, poi analizzalo attraverso lo strumento di analisi statistica e, infine, verifica se ci sono fasce orarie in cui il prezzo tende al rialzo o al ribasso una percentuale di volte superiore al 60%.

- SEGRETO n. 3: per un'analisi ancora più approfondita, analizza anche timeframe più brevi (tipo M30) per verificare se esistono lassi di tempo più ampi e liquidi in cui potrebbe essere profittevole investire.

- SEGRETO n. 4: usa lo strumento Monkey Analysis™ per velocizzare il processo di analisi e generare report super dettagliati in meno di 2 secondi.

Capitolo 4:
Come impostare un Money Management vincente

In merito al Money Management sono state scritte valanghe di libri. Il motivo è solo e unicamente uno: puoi avere la migliore strategia di trading al mondo tra le mani ma, se non sai come gestire il tuo capitale in maniera corretta e profittevole, rischi davvero di andare a sbattere.

Molti pensano, tanto più quando si affacciano al mondo del trading, che la cosa più importante da imparare sia la strategia e basta. In un certo senso, non viene quasi mai data la stessa importanza anche ad altre variabili che vanno a incidere inesorabilmente sul risultato finale dell'investimento. Una di queste è proprio il Money Management.

Ti posso garantire una cosa: puoi imparare in maniera esemplare qualsiasi strategia di trading tu voglia – semplice o complessa che sia – ma, se non impari a gestire efficacemente il tuo budget, avere tra le mani una strategia vincente non ti servirà a nulla. La domanda è: perché?

Come ben sai, la mente è senza alcun dubbio la fonte primaria di energia del corpo umano. In quanto tale è in grado di condizionare – tanto in maniera positiva quanto in maniera negativa – i risultati delle nostre azioni.

Ti sei mai chiesto perché, ad esempio, due nuotatori, magari della stessa età, con una corporatura simile e impegnati nella stessa disciplina agonistica, pur facendo gli stessi identici allenamenti, arrivano a generare risultati diversi? Da un punto di vista prettamente logico, almeno in apparenza, non sembrano mostrare particolari differenze. Eppure i risultati finali sono diversi. Come si spiega tutto questo?

L'unica vera differenza sta solo e unicamente nell'approccio mentale – il mindset, appunto – che entrambi hanno nei confronti dell'attività che vanno a fare. Ebbene, nel trading funziona esattamente nello stesso identico modo.

A tal proposito, ci tengo a raccontarti un aneddoto davvero curioso a prova di quello che ti ho appena affermato. Agli inizi degli anni '80, il trader di Chicago Richard Dennis – diventato celebre per aver trasformato nel corso della sua carriera 5.000 dollari in oltre 100.000.000 – fece una scommessa con il suo socio di vecchia data William Eckhardt.

Dennis, che era da poco ritornato da un viaggio in Thailandia durante il quale aveva visitato un allevamento di tartarughe, sosteneva che chiunque sarebbe potuto diventare un trader di successo a patto di essere "allevato" da qualcuno capace di tracciargli la strada giusta da seguire.

Preso da un'insana voglia di testare questa sua fantomatica idea, Dennis decise di fare una scommessa con Eckhardt: i due avrebbero ricercato nuovi trader da inserire all'interno della propria società di investimenti, i quali sarebbero stati formati da Dennis in persona. La cosa interessante è che questi futuri trader non dovevano essere già in possesso di capacità e conoscenze specifiche in questo settore: in altre parole, dovevano essere veri e propri neofiti.

I due amici pubblicarono quindi, sul noto quotidiano statunitense *Wall Street Journal*, un annuncio volto a ricercare veri e propri neofiti della materia affinché fossero "allevati" e formati direttamente da Dennis. All'appello risposero candidati di ogni tipo, proprio come volevano i due soci. Di questi, solo 14 furono scelti per fare parte dell'esperimento.

Gli apprendisti trader, chiamati di fatto "tartarughe" (turtles), impararono da zero le tecniche e le strategie che lo stesso Dennis condivise con loro. Morale della favola: il sistema funzionò alla grande. Alla fine del periodo di esperimento, le "tartarughe" riuscirono infatti a generare un profitto complessivo di oltre 175.000.000 dollari. E questo, solo e unicamente seguendo le linee guida tracciate da Dennis durante il periodo di formazione.

Ora, al di là del curioso aneddoto che ti ho raccontato, come affermò poi lo stesso Dennis nel corso di una delle tante interviste, il segreto del successo di questo esperimento non fu tanto e solo merito delle strategie da lui insegnate. Il vero segreto del successo stava nel fatto di essere riuscito a "forgiare" nella mente di ciascuna delle 14 "tartarughe" il mindset del vero trader profittevole. Colui cioè che, pur dovendo gestire momenti di grande perdita, andava dritto per la propria strada, avendo ben chiaro in mente il proprio "obiettivo di trading". Obiettivo, questo, che solo una strategia di gestione del capitale attenta e ben ponderata avrebbe consentito al trader di raggiungere.

Come ci insegna quindi la vera storia delle "tartarughe" di Richard Dennis, ciascuno di noi può davvero diventare un trader profittevole nel lungo periodo. Tutto sta, come affermava Dennis, nel sapere esattamente quanta parte di capitale destinare effettivamente alla singola operazione finanziaria da fare.

Come ti accennavo all'inizio, di strategie di Money Management ne esistono davvero tantissime. Da bravo amante della statistica, le ho analizzate davvero quasi tutte, ma sono soltanto due quelle che mi sento di consigliarti. Ma prima di immergerci a capofitto nell'argomento, mi sento in dovere di rispolverare alcune nozioni statistiche di base. Pertanto, ecco a te un esempio semplice che sono certo ti consentirà di avvicinarti maggiormente all'oggetto del discorso.

Supponiamo di avere una "vecchia" moneta da 100 lire. Come sappiamo, qualsiasi moneta ha due "facce" ognuna delle quali corrisponde a una possibilità: testa o croce.

Ciò vuol dire che, se lanciassi in aria tale moneta, ad esempio 10 volte consecutive, in teoria avrei statisticamente il 50% di probabilità che esca testa oppure croce.

La logica ci porterebbe a pensare che, qualunque sia la faccia sulla quale desideriamo puntare (testa o croce), la probabilità che esca proprio quella su cui siamo andati a investire rimanga sempre al 50%, giusto?

Come si spiega allora che nella realtà, se lancio una stessa moneta 10 volte, spesso e volentieri capita che esca ad esempio 6 volte testa e 4 volte croce, oppure 3 volte testa e 7 volte croce? Abbiamo fatto male i nostri conti oppure c'è qualcosa che ci sfugge?

Non so se hai mai sentito parlare della celebre "Legge dei grandi numeri". Questo teorema, conosciuto anche come *Teorema di Bernoulli*, ci dice sinteticamente che più è alto il numero dei lanci della nostra monetina, più è probabile che la percentuale reale delle volte in cui esce testa oppure croce è prossima al 50%.

Volendo arrivare al nocciolo della questione, il concetto è quindi il seguente: la percentuale (%) di eventi positivi aumenta all'aumentare della distribuzione, ossia del numero di volte che lanciamo la monetina.

Ecco spiegato il motivo per cui:

- su 10 lanci, è frequente che esca 3 volte testa e 7 volte croce;
- su 10.000 lanci, è probabile che esca una cosa del tipo 5.000 volte testa e 5.000 volte croce.

Questo piccolo excursus statistico, in chiave trading, ci serve per imparare la prima grande lezione in merito alla corretta gestione del capitale: quando si fa trading, è fondamentale ragionare in un'ottica di lungo periodo.

Più sei attratto dalla volontà di impostare una progressione nel breve termine – nell'ottica di chiudere il tuo investimento nel giro di un mese – più è probabile che andrai in perdita. Più hai una mente che ti permette invece di gestire con pazienza una progressione nel lungo periodo – in ottica di chiudere il tuo investimento, ad esempio, a fine anno – maggiori sono le probabilità di andare a profitto.

Ora che abbiamo compreso questo primo concetto così importante e fondamentale, non mi rimane altro che mostrarti le migliori due strategie di Money Management che puoi implementare per massimizzare al meglio i tuoi profitti finali. Vediamole insieme.

Strategia di Money Management: *Antimartingala*
Quella di cui ti vado a parlare adesso è senza alcun dubbio la strategia più utilizzata dai trader di mezzo mondo, in quanto rappresenta la versione più equilibrata tra tutte le strategie di gestione del capitale che si conoscono.

Il concetto base è il seguente: una volta definita la percentuale (%) fissa da destinare a ciascun investimento sulla base del budget totale, indipendentemente dal risultato di ogni singolo investimento, maggiore è il capitale a disposizione, maggiore sarà la quantità di denaro da destinare a quella singola operazione.

Facciamo un esempio così da comprendere meglio il tutto. Supponiamo che:

- Oggi è il 1 gennaio 2020.
- Dispongo di un budget annuale di 1.000 euro.
- Decido di investire una percentuale fissa di investimento del 5% per ogni operazione che faccio.
- Decido di focalizzarmi sulla coppia valutaria EUR/USD usando come asset finanziario lo strumento delle Opzioni Binarie.
- Questo asset mi assicura un rendimento del 90% su ogni investimento concluso con successo.
- Decido di investire solo e unicamente *long* (ossia al rialzo) nell'arco temporale che va dalle 00.00 alle 07.30 (avendo una % statistica di successo relativa all'anno precedente alta, il 66%).

Domanda: qualora l'euro dovesse effettivamente seguire l'andamento da me ipotizzato nel corso dell'anno 2020, a fine anno quanto diventerebbero i nostri 1.000 euro iniziali? Applicando la strategia dell'Antimartingala al nostro budget iniziale, il risultato sarà che, indipendentemente dall'esito di ciascun investimento, investiremo costantemente il 5% del capitale rimanente.

Al fine di semplificare al massimo i calcoli, supponendo di analizzare una distribuzione mensile con esiti in linea con la percentuale di successo stimata (66%), ecco, ad esempio a fine gennaio 2020, quanto diventerebbero i nostri 1.000 euro iniziali.

#	BUDGET	% STAKE	STAKE	% GUADAGNO	LORDO	BUDGET	NETTO		BUDGET
1	1000	0,05	50	1,90	95	1045	45		1000
2	1045	0,05	52	1,90	99	1092	92		
3	1092	0,05	55	1,90	104	1141	141		
4	1141	0,05	57	0,00	0	1084	84		
5	1084	0,05	54	1,90	103	1133	133		
6	1133	0,05	57	0,00	0	1076	76		
7	1076	0,05	54	1,90	102	1125	125		
8	1125	0,05	56	1,90	107	1175	175		
9	1175	0,05	59	0,00	0	1117	117		
10	1117	0,05	56	1,90	106	1167	167		
11	1167	0,05	58	0,00	0	1108	108		
12	1108	0,05	55	1,90	105	1158	158		
13	1158	0,05	58	1,90	110	1210	210		
14	1210	0,05	61	1,90	115	1265	265		
15	1265	0,05	63	1,90	120	1322	322		
16	1322	0,05	66	1,90	126	1381	381		
17	1381	0,05	69	1,90	131	1443	443		
18	1443	0,05	72	1,90	137	1508	508		
19	1508	0,05	75	1,90	143	1576	576		
20	1576	0,05	79	1,90	150	1647	647		

Fig. 4.1 – Schermata esempio "Antimartingala"

Come puoi notare dall'immagine, i numeri parlano chiaro.

Supponendo di avere mantenuto una percentuale di successi del 66% anche su base mensile, sui 20 giorni di trading in cui abbiamo effettivamente operato (dal lunedì al venerdì nel corso delle 4 settimane), a fine mese l'euro contro il dollaro:

- È andato *long* (al rialzo) 14 volte su 20.
- È andato *short* (al ribasso) 6 volte su 20.

Ciò vuol dire che, da un punto di vista prettamente economico, è bastato aspettare fino a fine mese per passare dai nostri 1.000 euro iniziali a 1.647 euro, generando un utile netto di +647 euro. Mica male come primo mese di trading! E questo investendo di volta in volta solo e unicamente il 5% del nostro capitale.

Capisci perché quella dell'Antimartingala è la strategia di Money Management più usata al mondo? Perché, una volta che definisci il budget da destinare alla tua attività di trading e la percentuale di capitale da investire di volta in volta, ecco che tutto si fa più semplice.

Dopotutto:

1. Hai una strategia con una valenza statistica relativamente elevata.

2. Hai una percentuale di investimento relativamente bassa che ti porta a investire solo una piccola frazione del tuo capitale.

3. Da un punto di vista di mindset, sei con la "coscienza a posto", visto che il massimo che puoi perdere a fine anno sono i 1.000 euro investiti a inizio anno.

Insomma, a fronte di tutti i peggiori dubbi che possiamo avere, capisci anche tu che, se si verificano le stesse probabilità di successo che sono avvenute in passato, fare trading diventa più un gioco di numeri che altro. Per questo lo stesso Richard Dennis poneva massima attenzione al Money Management. Perché solo in questo modo è possibile gestire in maniera "calcolata" eventuali perdite.

Allo stesso modo, trovo fondamentale porre l'attenzione su un ulteriore aspetto legato all'affidabilità dei dati statistici ricercati. In questo libro, al fine di semplificare al massimo i concetti espressi, abbiamo concentrato i nostri esempi su dati relativi a un unico anno di osservazione (il 2018). Nella realtà, se vogliamo rendere più rigoroso il livello di affidabilità dei vari timeframe, è assolutamente fondamentale basarsi sui dati relativi almeno agli ultimi 3 anni. Solo in questo modo possiamo rendere più concreto l'intero processo di analisi.

Quindi mi raccomando: quando inizierai a investire in reale, metti sotto stress i dati che hai acquisito. Verifica cioè se anche negli anni precedenti, in quell'arco temporale specifico, il prezzo si è mosso in quella stessa direzione una percentuale (%) di volte statisticamente "vicina" a quella dell'ultimo anno. Se la risposta è sì, allora ci sono buone probabilità che il prezzo, in quello specifico timeframe, si muova tendenzialmente in quella direzione.

Ora che abbiamo finalmente puntualizzato questo concetto, ecco che ti vado a mostrare la più potente variante alla strategia di Money Management dell'Antimartingala: il Masaniello.

Strategia di Money Management: *Masaniello*
Nata inizialmente nel mondo delle scommesse sportive, questa strategia di Money Management ha davvero dell'incredibile. Nella

precedente sezione abbiamo visto che l'Antimartingala ha come propri tratti distintivi:

1. Definire il budget iniziale da investire.
2. Investire costantemente una percentuale fissa di capitale a ogni singola operazione.

Il Masaniello ha una caratteristica ben più distintiva:

1. Definisce sì la quantità di budget iniziale da investire.
2. A differenza dell'Antimartingala, investe una percentuale di capitale *variabile*.

Se infatti nell'Antimartingala eravamo portati a investire sempre e comunque il 5% del capitale rimanente, qui è lo stesso Masaniello che decide quanta percentuale di capitale farci investire per ogni singolo investimento.

Il motivo? Devi sapere che il Masaniello non prevede un numero di investimenti "infiniti", come nel caso dell'Antimartingala.

Ciò vuol dire quindi che, in questo nuovo sistema di gestione del capitale, è proprio lo stesso Masaniello che ci chiede queste stesse informazioni:

1. Budget da investire (supponiamo 1.000 euro).

2. Numero di eventi totali (supponiamo 20 eventi in un mese).

3. Numero di eventi stimati presi (supponiamo 14 come nell'esempio precedente, con % di successo del 66% circa).

Se ti ricordi bene, applicando la strategia dell'Antimartingala, a fine gennaio 2020, i nostri 1.000 euro erano diventati 1.647 (con un profitto netto di +647 euro).

Nel caso del Masaniello, invece, quanto sarebbero diventati i nostri 1.000 euro? Inizia a non credere ai tuoi occhi, perché rimarrai a dir poco sbalordito.

⟨ Indietro   **Monkey Trading**

Impostazione Progressione

Eventi   20

Eventi Attesi   14

Quota Media   1,9

Cassa Iniziale   1000

Rendimento Metodo

Vincita Totale   **11076.60**   **11.08**
Utile Totale   **10076.60**   Quota Finale

Fig. 4.2 – Schermata esempio "Masaniello" (14 eventi su 20)

La schermata che vedi qui sopra è tratta da un tool per smartphone chiamato "Obiettivo Win", che puoi trovare nell'app store a questo link: https://apps.apple.com/it/app/obiettivo-win/id412634268.

Che dici? Vale la pena di imparare la matematica? Alla fine del mese di trading, i nostri 1.000 euro sarebbero diventati ben 11.076! Hai capito bene: il nostro investimento si è più che decuplicato nel giro di un mese. Questo non perché siano stati fatti calcoli particolari o altro. Semplicemente il programma, basandosi solo ed esclusivamente sui dati da noi inseriti nel sistema e sapendo di contare su un numero massimo di *tot* eventi, cosa ha fatto?

Sapendo che il nostro obiettivo di trading era quello di portare a casa una percentuale di successi del 66%, investimento dopo investimento ci ha fornito la quantità *ottimale* di capitale da investire, così da permetterci di raggiungere il nostro target sulla base delle impostazioni che abbiamo dato all'inizio al programma stesso. Ti rendi conto del valore che hanno queste informazioni?

Devi sapere che il Masaniello può essere utilizzato ogni qual volta sei in grado di definire la percentuale media di rendimento di ogni investimento che fai. Ad esempio, come ti accennavo prima, nel caso dell'asset finanziario delle Opzioni Binarie, la percentuale di rendimento può essere anche del 90%. Pertanto, all'interno del Masaniello inseriremo come quota di riferimento 1,9.

Nel caso del mercato azionario, invece, così come altri mercati strutturalmente più variabili – come quello delle criptovalute o delle azioni, dove possono esserci forti oscillazioni di prezzo –

potrebbe invece essere più difficile stimare una percentuale media di rendimento.

In questi casi potrebbe essere più utile, magari, utilizzare la strategia dell'Antimartingala, una strategia che ti consente quindi di basare il tuo intero Money Management sulla percentuale fissa da destinare a ogni singola operazione. Chiaramente, in questo caso, essendo la percentuale di investimento *fissa* e non *variabile*, come nel caso del Masaniello, i rendimenti sono tendenzialmente più bassi.

Possiamo quindi affermare che, mentre l'Antimartingala ha un approccio più *conservativo*, in quanto non rischierai mai di perdere il 100% del tuo capitale, il Masaniello è piuttosto un sistema di gestione più *aggressivo*, in grado cioè di generare profitti più alti ma con il rischio di perdere l'intero capitale.

Quale sarebbe quindi, a fronte di tutto ciò, il sistema più utile da adottare in un'ottica di trading di lungo periodo? A mio avviso, entrambi possono fare al caso nostro. Personalmente, la cosa che mi piace in modo particolare del Masaniello è che – sapendo quanto sia importante guardare il lato trading nel lungo termine – basta investire una somma di denaro anche minima per generare potenziali profitti di lungo periodo a dir poco incredibili.

Ecco un esempio. Riprendiamo il caso di analisi statistica che abbiamo ampiamente analizzato, quello cioè relativo alla coppia EUR/USD. Supponiamo che:

- Disponiamo di un budget annuale di 100 euro.
- Disponiamo di un'analisi statistica che ci dice che l'EUR è andato *long* (al rialzo) su USD il 66% delle volte nel 2018 (172 volte su 258 volte totali) nella fascia oraria 00.00-07.30.
- Disponiamo di una strategia di Money Management che è, per l'appunto, il Masaniello.
- Vogliamo andare cauti, pertanto per il 2019 decidiamo di impostare una percentuale di successo stimata non più al 66% (come quella effettiva dell'anno 2018) ma al 60%.

Domanda: a fine 2020, supponendo di aver portato a compimento la nostra progressione, i nostri 100 euro di budget iniziale quanti sono diventati alla fine? Scoprilo tu stesso con i tuoi occhi.

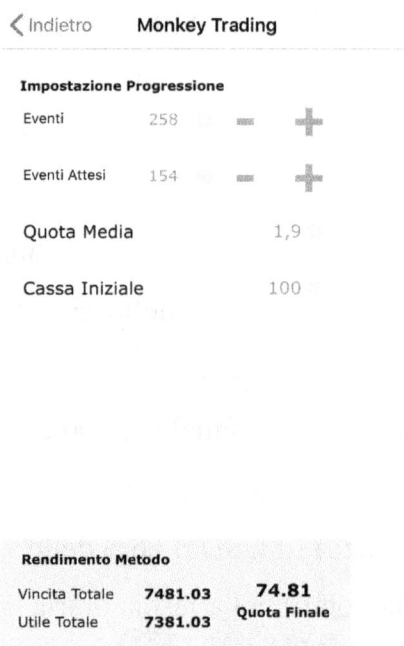

Fig. 4.3 – Schermata esempio "Masaniello" (154 eventi su 258)

Capisci cosa voglio dire quando affermo che i veri profitti si fanno impostando progressioni nel lungo periodo? Pur avendo un capitale di 10 volte inferiore (100 euro invece dei 1.000 euro di prima), pur avendo abbassato la percentuale attesa di eventi positivi (60% contro il 66% del 2018) e pur allungando la progressione su base non più mensile ma annuale... che cosa scopriamo?

Scopriamo che, nonostante tutti questi deficit che ci siamo autoimposti, i nostri 100 euro sono aumentati di quasi 75 volte, facendoci passare da 100 a 7.481 euro in 12 mesi di trading. Prova a immaginare se avessimo investito i 1.000 euro canonici quale sarebbe stato il risultato finale.

Insomma, il concetto a chiusura di questo quarto e ultimo capitolo è solo e unicamente uno. Indipendentemente dall'asset sul quale andrai a investire, indipendentemente dal timeframe che andrai ad analizzare e indipendentemente dalla strategia di Money Management che andrai ad adottare, ricorda di pianificare i tuoi investimenti sempre, solo e unicamente in un'ottica di lungo periodo.

Perché se è vero che, come dice il più grande investitore di tutti i tempi, Warren Buffet, la qualità più importante che deve avere un trader di successo è la *pazienza*, stai pur certo che possono passare giorni, settimane, mesi o anni, ma se la tua strategia di trading poggia le basi su una prospettiva di rendimento di lungo periodo, il successo sarà davvero a portata di mano.

O come diceva l'attore americano Ben Affleck nel celebre film *1 km da Wall Street*: il cielo è il limite.

RIEPILOGO DEL CAPITOLO 4:

- SEGRETO n. 1: qualsiasi strategia di trading vincente diventa fallimentare quando non viene affiancata da un altrettanto valida strategia di Money Management.

- SEGRETO n. 2: usa lo strumento dell'Antimartingala se il tuo obiettivo è quello di adottare una strategia di gestione del capitale più conservativa in un'ottica di lungo periodo.

- SEGRETO n. 3: usa lo strumento del Masaniello quando puoi definire a priori la percentuale di rendimento per ogni operazione finanziaria che andrai a fare. Usala nel caso in cui il tuo obiettivo è quello di adottare una strategia di accumulo del capitale più aggressiva.

- SEGRETO n. 4: prima di investire un solo euro su un determinato asset finanziario, effettua analisi statistiche rigorose relative ad almeno gli ultimi 3 anni.

Conclusione

Come sono certo ricorderai, all'inizio di questo libro ti ho raccontato alcuni aneddoti di me e del mio periodo universitario. È straordinario notare come molte delle nozioni e dei concetti appresi in quegli anni li abbia poi potuti applicare non solo nella vita reale ma anche in quella professionale.

Tra tutti gli aneddoti che maggiormente porto nel cuore, e che hanno fatto la differenza in tutto ciò che ho realizzato fino a questo momento, ce n'è uno a cui sono particolarmente affezionato e che trovo utile riportare a chiusura di questo libro.

Ricordi il professore di cui ti ho parlato proprio all'inizio del primo capitolo? Devi sapere che, l'ultimo giorno di lezione in università, sapendo che le nostre strade si sarebbero inesorabilmente divise, condivise con me e con gli altri miei compagni di corso, presenti quel giorno al gran completo in Aula Magna, una curiosità che riguarda un insetto brutto e fastidioso che prende il nome di calabrone.

Le sue parole furono pressoché le seguenti. «*Ragazzi, come sapete questa è la nostra ultima lezione di Economia Internazionale. Nel corso di questi anni, sono stati tanti gli studenti a cui ho insegnato. La maggior parte di loro non so che fine abbia fatto, ma sono certo che, al di là delle conoscenze economiche apprese attraverso i miei corsi, questi ragazzi e queste ragazze sono diventati uomini e donne migliori. Perché, vedete, nessuno di noi sa cosa accadrà nella propria vita. Per questo motivo la vera forza sta nell'imparare a reagire agli eventi. Proprio come fa il calabrone.*

Non so se lo sapete, ma il calabrone è stato persino oggetto degli studi della NASA. Gli ingegneri aerospaziali di mezzo mondo non riuscivano a capire come facesse questo insetto dall'aspetto così tozzo... a volare. Dopo tutti gli studi effettuati, l'unica conclusione a cui sono arrivati è che il calabrone è qualcosa di inspiegabile in natura.

La sua struttura, infatti, è troppo leggera per reggere il peso della sua corazza. Pertanto per natura NON potrebbe volare. Eppure cosa fa il calabrone? Se ne frega del fatto che non può farcela e "vola ugualmente", non curandosi di quello che pensa il resto del

111

mondo, né tantomeno di ciò che gli ha dato la natura. Dopotutto a lui piace volare, è ciò che lo rende felice...

Quindi, ragazzi, quando un giorno sentirete di essere messi alle strette e di non farcela più, quando sentirete di essere vessati dall'esterno e di essere oggetto di scherno da parte di persone che dicono che non ce la farete mai a fare ciò che desiderate... ricordate la storia del calabrone e fate tutto ciò che è in vostro potere per essere felici».

Ammetto che provo tanta commozione mentre mi ritrovo a trascrivere su carta queste stesse parole. Come ti avevo già accennato nel corso delle prime pagine, purtroppo questa persona straordinaria non è più qui tra noi. Credo di essere stato uno degli ultimi studenti ad avere avuto la possibilità e l'onore di conoscere e di scoprire la sua profonda umanità e il suo animo così nobile e gentile.

Il motivo per cui ho intitolato questo libro *Monkey Trading* è, in un certo senso, un collegamento alla storia del calabrone di cui ti ho appena parlato. In natura, le scimmie vengono considerate creature dotate di poca intelligenza, apparentemente stupide o, comunque sia, caratterizzate da un basso livello di comprensione.

Secondo me, invece, sono tra gli animali più intelligenti del mondo e sai perché? Perché sono capaci di imparare a fare qualsiasi cosa, e anche bene. Non è un caso che noi esseri umani deriviamo proprio da questo stesso animale.

Quando ho iniziato a fare trading non sapevo minimamente da dove iniziare. Guardavo i grafici e mi sembravano geroglifici. Poi ho conosciuto una persona, di nome Marco Vandone, che ringrazierò sempre perché, in maniera estremamente chiara e disarmante, mi ha consentito di imparare le basi dell'analisi tecnica come mai prima di allora ero riuscito a fare.

Da lì ho iniziato a studiare libri, corsi e materiale vario, fino a trovare quella che personalmente ritengo essere la "ricetta di trading ideale". La stessa che, con il massimo impegno da parte mia, ho cercato di condividere con te in questo libro.

Spero davvero che le informazioni contenute in questo libro ti siano piaciute e che possano rappresentare per te un vero e proprio punto di partenza nello studio di una materia, tanto bella quanto affascinante, che è appunto il trading online.

A tal proposito, per ringraziarti della fiducia dimostrata nell'acquisto di questo libro e per ringraziarti di essere arrivato a leggere fino a qui, ho deciso di preparare una piccola sorpresa per te.

Ti piacerebbe se ti aiutassi a implementare la strategia Monkey Trading contenuta in questo libro?

Caro Lettore,
con questo libro ho cercato di esporti, nella maniera più semplice e lineare possibile, le opportunità che possono esserci nel fare trading attraverso l'analisi statistica dei timeframe.

Come avrai capito, qualunque sia l'asset su cui vorresti investire, potrebbe esistere la possibilità di trarne profitto in un'ottica di lungo periodo.

L'obiettivo di questo libro è quello di sintetizzarti al massimo le opportunità che si possono nascondere dietro a una strategia di questo tipo.

Il problema però è che, senza l'aiuto di strumenti tecnologici capaci di rendere più produttivo il tuo lavoro di ricerca, trovare il "giusto investimento" potrebbe essere un procedimento troppo lungo o, per certi versi, impossibile.

Ecco perché vorrei metterti nelle condizioni di farti analizzare i grafici esattamente come faccio io.

Per ringraziarti di essere arrivato fino a qui nella lettura di questo libro, e per mostrarti il mio riconoscimento per la fiducia che mi hai dimostrato acquistandolo, desidero ricambiare in questo modo.

Ho preparato per te un pacchetto contenente tutti i tool di cui ho parlato nel corso di questo libro e che prende, appunto, il nome di Monkey Tools™.

Questi strumenti ti permetteranno di essere già operativo nel giro di poco tempo, dandoti quindi modo di creare la tua strategia di trading di lungo periodo.

Il pacchetto Monkey Tools™, a cui potrai accedere direttamente nella tua area riservata, è composto da 3 diverse sezioni , ognuna delle quali fa riferimento a un'area distinta e specifica:

1. **Monkey Platform™**
2. **Monkey Analysis™**
3. **Monkey Management™**

All'interno di ciascuna area troverai anche dei video che ti insegneranno passo passo tutto ciò che devi sapere per sfruttare al massimo questi 3 potentissimi strumenti.

Ad esempio, all'interno dell'area Monkey Platform™ ti mostrerò passo passo come installare la piattaforma MT4 all'interno del tuo computer e come settarla al meglio per partire subito con il piede giusto.

All'interno dell'area Monkey Analysis™ ti farò vedere come installare il programma di analisi statistica che va a ricercare, sulla base del timeframe selezionato, tutti quegli archi temporali profittevoli che possiamo utilizzare a nostro vantaggio nel nostro piano di trading.

All'interno dell'area Monkey Management™ ti mostrerò infine come usare i due fogli di calcolo che condividerò con te (l'Antimartingala e il Masaniello) perché tu possa imparare a gestire efficacemente il tuo capitale come un vero professionista del trading.

Non ti nascondo che questi strumenti e questi video hanno un valore che definire inestimabile è a dir poco soggettivo. Tutto dipende da come deciderai di sfruttuare le informazioni che ti fornirò.

Prima di andare avanti, però, ci tengo a dirti una cosa importante: *questi tool non sono per chiunque.*

Se sei una persona che guarda al trading come a una "gallina dalle uova d'oro", sappi che questi strumenti NON fanno per te. Non pensare di essere profittevole nei mercati finanziari se prima non impari bene le informazioni che ti fornirò.

Ricorda sempre che alla base di tutto c'è tanto studio, disciplina e voglia di fare. Se sai di non disporre di questi tre requisiti fondamentali, il videocorso Monkey Trading, non fa per te.

Questo corso fa per te se:

- **Il tuo obiettivo è imparare a fare trading attraverso la strategia Monkey Trading.**
- **Il tuo obiettivo è operare con profitto nello specifico nei mercati valutari.**
- **Il tuo obiettivo è impegnarti seriamente nell'apprendimento del trading online.**

Se ritieni quindi di rispettare tali requisiti, ecco cosa devi fare.

1. **Vai al sito web: www.monkeytrading.it**
2. **Al suo interno, troverai una pagina contenente un video di presentazione del corso Monkey Trading.**
3. **Se ritieni che le informazioni che ti fornirò possano realmente fare al caso tuo, compila il form con i tuoi dati di fatturazione ed effettua il pagamento via PayPal.**

4. Una volta effettuato il pagamento, riceverai un'email con i tuoi dati di accesso, così da visualizzare i contenuti nella tua area utente, anche subito se vuoi.

Inutile dirti che quella che ti sto offrendo è un'occasione più unica che rara, visto che solo il software Monkey Analysis™ ha un valore complessivo totale di oltre 297 euro. Tuttavia, solo per te che mi hai dato fiducia acquistando questo libro, l'intero videocorso e tutti i tool di cui ti ho parlato nel corso del libro, saranno tuoi ad un prezzo davvero speciale. Non perdere tempo quindi! Clicca sul link qui in basso e inizia subito a scoprire quali sono le fasce orarie statisticamente più profittevoli su cui fare trading!

Ti aspetto dall'altra parte!
Roberto Bizzarri
www.monkeytrading.it